나는 마음을 파는 장사꾼입니다

김태우 지음

도서출판 위

나는 하루하루 만족하며 살아온 행복한 시지프입니다

　사람들은 30년이라는 시간을 한 직장에서 보냈다는 말을 들으면 으레 '성공한 직장인' 혹은 '인내의 아이콘'이라 부르곤 합니다. 훈장처럼 따라붙는 그 수식어들이 때로는 영광스럽기도 하지만, 정작 저에게 그 시간은 거창한 승리의 기록이 아닙니다. 그것은 매달 정해진 날짜에 어김없이 입금되는 월급의 무게를 기꺼이 감당하며, 가족이라는 울타리를 비바람으로부터 지켜내기 위해 분투했던 한 가장의 치열한 '버팀'의 기록이었습니다.

　저는 그저 매일 아침 같은 바위를 산 정상으로 밀어 올리는 그리스 신화 속 시지프와 같았습니다. 남들이 보기엔 지루하고 반복적인 형벌처럼 보였을지 모르나, 저는 그 반복되는 일상 속에 나만의 의미를 부여하며 살아온 평범한 존재였습니다. 넥타이를 조여 매며 현관문을 나서는 순간부터, 파토스(Pathos) 짙은 삶의 현장을 지나 다시 집으로 돌아오기까지, 바위가 다시 굴러떨어질 것을 알면서도 다시 어깨를 집어넣는 그 행위 자체가 솔직히 제 삶의 긍지였습니다. 땀방울 섞인 한숨 뒤에 찾아오는 가족들의 웃음소리에서 소소한 행복을 찾아냈기에, 저는 스스로를 '행복한 시지프'라 믿어 의심치 않았습니다.

하지만 견고할 것만 같았던 저의 세계에도 도저히 어깨를 밀어 넣을 수 없는 순간이 예고 없이 찾아왔습니다. 오십이라는 중년의 문턱을 넘어서자, 몸 안의 시계가 고장 난 듯 삐걱거리기 시작했습니다. 끝이 보이지 않는 직장 생활의 고단함은 영혼을 메마르게 했고, 예고 없이 찾아온 갱년기는 거대한 해일처럼 저를 덮쳤습니다. 어제까지 가뿐히 들었던 바위가 오늘따라 천근만근 무겁게 느껴졌습니다. 몸과 마음은 예전 같지 않은데 책임감의 무게는 갈수록 가중되었고, 이유를 알 수 없는 무력감과 불안이 독처럼 일상을 잠식해 들어왔습니다.

설상가상으로 그때 마주한 아버지의 죽음은 저를 완전히 무너뜨렸습니다. 평생을 가족을 위해 헌신하셨던 아버지를 보내드리며, 저는 형용할 수 없는 우울함에 빠졌습니다. 아버지는 곧 나의 삶이었고, 그분의 부재는 마치 제가 삶의 책임을 다하지 못한 것 같은 미안함과 죄책감이 되어 가슴을 짓눌렀습니다.

상실의 고통은 바위를 밀어 올릴 동력마저 앗아갔고, 저는 산 아래에서 굴러떨어진 바위 곁에 털썩 주저앉아 버렸습니다.

　이 책은 바로 그 자리, 인생의 반환점에서 길을 잃고 서성이는 이들을 위해 쓴 책입니다. 앞만 보고 경주마처럼 달려오다 문득 '나는 누구인가'라는 본질적인 질문 앞에 멈춰 선 50대, 은퇴라는 단어가 주는 서늘한 무게에 잠 못 이루는 직장인, 그리고 사랑하는 이를 떠나보내고 긴 상실의 계절을 지나고 있는 모든 분과 이 이야기를 나누고 싶습니다.

　제가 깊은 우울의 구덩이에서 '책'이라는 가느다란 동아줄을 잡고 간신히 올라왔듯, 저의 서툰 문장들이 누군가에게는 다시 바위를 밀어 올릴 수 있는 작은 지렛대가 되기를 간절히 소망합니다. 이제 저는 단순히 바위를 미는 시지프를 넘어, 그 바위 틈새에 핀 이끼를 살피고 바위 위에 작은 꽃을 심으며, 타인의 지친 마음을 헤아리는 '마음 장사꾼'으로 여러분 곁에 서고자 합니다.

　굴러떨어진 바위는 실패의 증거가 아니라, 다시 시작할 수 있는 기회의 상징입니다. 이제 저와 함께, 다시 그 바위 앞에 서보지 않겠습니까?

지은이 **김 태 우**

목차 CONTENTS

제2부 두 번째 청춘을 위한 직장생활 마무리

목차 CONTENTS

나는 마음을
파는 장사꾼
입니다

제1부

중년의 고독과
자아 성찰

1.
나는 왜 글을 쓰고 있는가?

이메일 한 통을 받았다. 대학에서 프랑스문학을 가르치는 교수님이신데, 우연히 내 글을 보셨다며 격려의 말씀을 해주셨다.

"안녕하세요. 저는 대학에서 프랑스 문학을 가르치는 사람입니다. 아주 우연히 한국보험신문이라는 곳에서 선생님의 글을 보고 많이 놀랐습니다. 당대의 문장가라고 일컬을 만한 분의 글이었습니다. 그런데 하시는 일은 글을 업으로 삼는 분이 아니라서 더욱 놀랐습니다. 한 사람의 독자로서 선생님의 주옥같은, 사람의 마음을 다독여주는 그 따스한 글을 늘 기다리고 있겠습니다."

부끄러운 글이고 작가들의 글을 흉내 내는 수준인데, 이메일까지 보내주시니 고맙고 감사했다.

어느 날 삶이 고단하여 직장과 인생이라는 공간에서 자꾸만 작아지고, 다른 사람의 삶이 더 부러워질 무렵부터 나는 책을 읽기 시작했다. 그때 책은 엄마 품과 같았다. "내 아들이 최고다. 내 자식이 제일 멋지다"라고 늘 자랑하시는 엄마처럼 책은 언제나 나를 품어주었고 토닥여주고 위로해 주었다.

김재원 작가는 "외로움은 주변에 사람이 없어서 느끼는 감정이 아니라 위로가 없어서 느끼는 감정입니다"라고 했는데, 책은 내 삶에서 가장 큰 위로를 건네준다.

요즈음 주위를 둘러보면 책을 읽고 글을 쓰는 사람들이 많아졌다. 내가 본격적으로 책을 읽기 시작할 즈음, 그저 독서의 필요성에 공감하는 정도로만 표현해 주셨던 분들이 이제는 적극적으로 무슨 책을 읽으면 좋을지 소개해 달라 하시고, 독서 모임을 같이 해보자고 권유하는 사람은 물론, 책의 내용을 요약한 자신의 글을 보내주시는 분도 있다.

나는 전문적으로 글을 쓰는 사람은 아니지만 매일 책을 놓지 않고 글을 쓰는 이유가 있다. 글을 쓴다는 것은 그동안 파편처럼 흩어져 있는 내 삶의 조각들을 직사각형의 퍼즐 안에 담아, 불완전하고 어긋나 있던 내 삶을 맞추어 가는 과정이라고 생각하기 때문이다.

나는 주말에 동네 북카페에서 대부분의 시간을 보낸다. 출근할 때와 같은 시간에 일어나 옷단장을 하고 북카페로 향하는 발걸음은 나비처럼 민들레 홀씨처럼 가볍다. 오늘은 어떤 문장이 훨훨 날아와 나의 골수에 새겨질지 기대되기 때문이다.

　이곳에서는 중년의 남성과 여성 그리고 청년들이 책을 읽고 토론하며 필사하는 모습들을 자주 볼 수 있다. 책을 읽고 연필로 꾹꾹 눌러쓰며 글을 써 내려가는 것, 그러니까 음절과 음절을 연결하여 단어를 생성하고 새로운 문장을 만들어내는 그 모습이 마치, 신이 피조물에 생명을 불어넣는 과정처럼 보였다. 책을 읽고 글을 쓰는 행위는 삶에 생명을 불어넣는 과정이 아닐까?

　먹는 것은 몸을 키우지만 책을 읽고 글을 쓰는 것은 생각을 키워준다. 글을 쓰기 시작하면서 나는 여러 면에서 조금씩 달라지고 있다. 먼저 마음이 여유로워졌다. 여유로워진 만큼 가족이나 동료들에게 조금은 너그러워졌다. 물론 나 혼자만의 착각일 수도 있겠지만 말이다. 언젠가는 회사를 떠나야 한다는 불안감도 없지 않지만, 내가 일하고 있는 조직과 세상에 대해 부정적 감정을 품지 않으려 애쓰고 있다.

기껏해야 몇 권의 책을 읽고 흉내 내는 정도의 글을 쓰고 있지만 글을 쓰는 재미도 느끼고 있다. 또, 누군가가 내 글을 읽고 "따뜻한 위로를 받았다"는 말을 건넬 때 오히려 내 자신이 위로받기도 한다. 누군가를 위로하려는 마음 깊숙한 곳에는 내 안의 슬픔과 외로움을 위로받으려는 무의식이 자리 잡고 있을지 모를 일이다. 그래서 내 자신을 귀하게 여기는 만큼, 남들에게도 따뜻한 언어로 대하려고 한다.

　나이 들수록 예쁜 말을 사용해야 한다. 요즈음 '개멋짐', '개피곤', '개존잘' 등 젊은 직원들이 사용하는 언어라며, 이런 단어를 사용해야 트렌디해진다고 말하는 사람들이 종종 있다. 사실 나도 젊은 후배들과 있을 때 일부러 이런 단어를 사용한 적이 있지만 솔직히 이것만큼 가벼워 보인 경우는 없었다.

　글을 쓰기 시작하면서 예쁜 말을 사용하려고 노력하고 있다. 그런데 예쁜 말은 그냥 나오는 것이 아니다. 예쁜 글을 '눈'과 '손'으로 자주 먹어야 '입'으로 나오는 것이다. 아름다운 글을 읽고 쓰면 아름다운 말을 할 수 있다. 지금보다 조금 더 괜찮은 사람이 되고 싶다면 예쁜 말을 사용해 보자.

원하든 원하지 않든 언젠가는 회사를 떠나야 하는 시기가 올 것이다. 글을 쓰지 않았다면 막연한 불안감이 파도처럼 밀려왔을 것이다. 책을 읽고, 글 쓰는 것이 돈을 버는 데 큰 도움이 되는 것은 아닐 테지만 인생의 부피를 넓히고 외롭지 않고 넉넉한 삶을 살아가는 데는 분명 도움이 될 것이다. 나만의 콘텐츠, 다른 사람과 구별되는 와일드카드가 글을 쓰고 있는 것이니까.

　나는 책을 읽고 글을 쓰면서 나도 모르게 솔직해지기 시작했다. 책을 통해 다른 사람의 이야기를 읽으면서 그동안 선뜻 꺼내지 못했던 나의 이야기도 자연스럽게 표현할 수 있게 되었다. 아버지와 엄마 그리고 가족들의 이야기까지, 부끄러웠지만 나 자신을 온전히 드러내고 사람들과의 만남에서도 더 솔직해질 수 있었던 것은 바로 '글쓰기' 덕분이다. 오늘도 졸필이지만 내 이야기를 솔직담백하게 녹여내는 글을 쓰고 있다.

2.
혼자 있을 때 눈부셔야 한다

신기율 작가의 『은둔의 즐거움』에서 난연(爛然)한 문장을 발견했다.

"섬처럼 고독하고, 호수처럼 고요하며, 바람처럼 고결하게 스스로에게 반하는 사람이 되려면 혼자 있을 때 눈부셔야 한다."

세상의 이치(理致)는 '뭉치고 속해 있어야 한다. 분리되면 도태된다'고 말한다. 찰스 다윈은 『종의 기원』에서 '생존경쟁에서 유리한 것만이 살아남는다'는 '자연선택설'을 주장했다. 포식자보다 피식자가 무리 지어 산다. 생존 확률을 높이기 위해서다. 인간도 마찬가지다. 살아남으려면 무리에 속해야 한다. 뭉치면 살았고 흩어지면 죽었다.

'혼자'라는 단어를 들으면 외로움, 불안, 고립 같은 부정적 감정이 스멀스멀 생겨난다. 혼자라는 외로움을 못 견디는 것이 요즈음 현대인의 삶이다. 혼자 밥 먹으면서도 휴대폰을 보지 않으면 왠지 불안하다. 혼자인 것을 피하려고만 한다.

프랑스 철학자 몽테뉴(1533~1592)는 우리에게 혼자 사는 즐거움을 일깨워주었다. "자신을 다른 사람들한테 묶어 놓은 속박에서 느슨히 풀어 놓으세요. 진정 혼자 살 수 있는 힘을 얻도록 합시다. 아주 만족스럽게!" 스위스 철학자 게오르그 치머만(1728~1795)은 『고독에 관하여』에서 개인이 혼자 있고 싶어 하는 욕구를 '자기회복과 자유롭게 하는 경향'이라고 정의했다.

'혼자' 있으면 외롭기만 할까. 문화심리학자 김정운 교수는 "가끔은 격하게 외로워야 한다"고 말한다. "더 외로워야, 덜 외로워진다"는 역설의 지혜를 우리에게 일깨워준다. 혼자 있으면 즐거운 은둔을 할 수 있다. 은둔은 나에게 몰입하는 것이다. 그는 "나에게 몰입하기 위해 나만의 공간을 만들자. 타인에게 방해받지 않고 휴식을 취하며 여유를 가질 수 있는 공간, 하루 종일 있어도 전혀 지겹지 않은 공간, 혼자지만 내 삶의 가능성을 열어주는 그런 공간을 만들어보라"고 권한다. 독일에서는 이것을 '슈필라움(spielraum)'이라고 일컫는다. '슈필라움(spielraum)'은 '놀이(Spiel)'와 '공간(Raum)'이 합쳐진 단어로 자신을 위한 '여유공간' 또는 '놀이공간'을 뜻한다.

김훈 작가는 자신의 서재를 '막장'으로 표현했다. 그는 왜 자신의 서재를 막장으로 표현했을까. 광부는 석탄을 캐기 위해 갱도의 막다른 길, 즉 막장에서 곡괭이를 휘두른다. 광부들이 석탄을 캐는 곡괭이와 삽이 있는 공간이 막장이듯이, 김훈의 서재는 책을 쓰는 장비가 모여 있는 공간이다. 혼자 책을 읽고 세상의 지식을 쌓으면 막힌 내 삶의 갱도를 뚫고 나아갈 수 있다.

나는 가끔 삼각지역에서 내려 한강다리를 건너고, 노들길을 따라 걷는다. 여의도 사무실까지 닿는 데 걸리는 시간은 꼬박 두 시간, 퇴근길까지 합치면 하루 네 시간을 길 위에서 보낸다. 동료들은 그 고된 여정에 혀를 내두르며 힘들지 않냐고 묻지만, 나는 그저 미소로 답할 뿐이다. 이 길은 내게 단순한 이동 수단이 아니라, 집과 일터를 이어주는 나만의 '완충지대'다. 오롯이 혼자가 되는 이 은둔의 시간 동안 나는 비로소 자유롭다. 걷는 리듬에 맞춰 엉켰던 생각이 정리되고, 무심코 지나치는 풍경 속에서 글의 주제가 선물처럼 찾아온다. 내게 출퇴근은 물리적 이동이 아닌, 몰입과 충만함으로 채워지는 고독의 시간이다.

'혼자' 있으면 불안하기만 할까. 50대 한국 남자에게 명함이 사라지는 것처럼 불안한 것이 없다. 사람은 누구나 자기를 알아봐 주기를 원한다. 자신을 못 알아봐 주니까 명함을 내미는 것이다. 명함이 사라지면 이삼십 년 동안 지탱해 온 내 아이덴티티(identity)가 없어지는 것이다. 그래서 불안한 것이다. 하지만 '혼자'가 되면 익숙함을 버리고 낯섦을 받아들일 수 있다. 나 자신을 변화시키고 성장할 수 있다.

'혼자' 있으면 고립되기만 할까. 아니다. 고립은 무기력하게 혼자가 되는 것이다. 이와는 달리 '혼자' 있으면 자기 성장을 위한 서스펜스 넘치는 자유를 누릴 수 있다. 시인이나 소설가는 아름다운 들판을 혼자 거닐면서 주옥같은 문학작품을 세상에 내놓는다. 영국의 대문호 찰스 디킨스(1812~1870)는 지도에도 없는 런던 구석구석을 산책하면서 하층민의 삶을 담은 위대한 소설 『올리버 트위스트』를 집필했다.

여행도 마찬가지다. 혼자 여행을 떠나면 내가 가고 싶은 나만의 길을 걸을 수 있고, 그 길에서 혼자라는 외로움보다는 진정한 자유를 느낄 수 있다. 지금 50대에게는 그렇게 혼자 떠나는 자유가 필요하다.

3.
자유로운 삶, 이방인으로 살아보면 어떨까

"모든 위대한 문학은 두 가지 이야기 중 하나다. 여행을 떠나는 인간, 혹은 어떤 마을에 들어온 이방인에 관한 이야기다." 톨스토이의 말이다. 여행을 떠나는 자가 곧 이방인이다. 그래서 문학은 이방인의 삶을 조명하는 것이라 할 수 있다. 우리는 처음부터 이방인이었을 것이다. 태어나고, 학교에 입학하고, 새로운 사람을 만나고 헤어지는 낯섦에서 익숙해져 가는 삶을 반복한다.

지금까지 이방인은 부정적 의미로 여겨졌다. 내부인이 아니라 외부인, 경계인으로 받아들여졌다. 이방인은 가장자리를 배회하는 사람, 즉 아웃사이더라고 생각해 왔다. 요즈음 말로 '인싸'가 아닌 '아싸'인 셈이다. 성경에서는 선택받지 못한 백성을 이방인이라고 한다. 정착하지 못하고 겉도는 인생을 사는 사람인 셈이다.

그러나 나는 이방인으로 살고 싶다. 이방인은 자유인이다. 잠시 머물다 떠나는 사람, 한곳에 오래 머물지 않는 사람이다. 이방인은 익숙한 것들과 결별하는 사람이다. 끊임없이 낯선 곳으로 이동하는 '노마드(Nomad)'의 삶을 살아가는 사람이다.

잠시 반백 년 남짓 살아온 나의 삶을 반추해 봤다. 부잣집 도련님도 아닌 주제에 운 좋게 고귀한 화초처럼 살아왔다. 부끄럽지만 부모 곁에서 편안하게 살았다. 입혀주시고 먹여주시고 가르쳐 주셔서, 무엇 하나 스스로 해 본 기억 없이 주어진 대로 유유히 흐르는 강물처럼 살았다. 돌이켜보면 애매모호하고 흔적 없는 삶이었다.

IMF 시절에 직장인이 되었다. 나는 조직이 요구하는 삶의 방식대로 살았다. 새벽에 출근하고 밤늦게 퇴근했다. 주말에도 출근했다. 어머니께서 늘 말씀하셨다.

"윗분들 말씀 잘 들어라!"

회사 조직에는 소위 잘나가는 그리고 그렇지 못한 부서가 있었다. 회사에서 어느 조직 하나 중요하지 않은 부서가 없지만 암묵적인 구별은 존재했다.

운 좋게 나는 잘나가는 부서에 근무했다. 신입 시절 타 부서에 업무

협조를 요청하면 일이 수월하게 잘 풀렸다. 나는 그런 직장생활이 좋았고, 당연하다고 생각했다. 그리고 언감생심(焉敢生心), 모든 것이 내 능력 덕분인 줄 알았다. 누구나 익숙한 삶의 방식을 고수하고 싶어 한다. 나 역시 그랬다. 편안하고 안정적이고 위험부담이 없기 때문이다. 그러나 어느 순간 나는 소금에 절인 배추처럼 살고 있다는 것을 깨달았다. 절인 배추는 시간이 지나면 점점 숨(息, 숨을 쉬다)이 죽어간다.

영화 〈쇼생크 탈출〉에서 평생 감옥에만 있었던 노인 '브룩스'는 특별사면으로 자유인이 되었다. 평생 감옥에서 살았던 브룩스에게 주어진 '진짜 자유'는 오히려 감당하기 어려운 고통이었다. 감옥에는 원래 자유가 없지만 장기 수감되어 감옥에 익숙해진 사람은 자유가 있다고 생각한다. 그리고 익숙한 감옥에서 나가길 원하지 않는다. 가짜 자유에 익숙해져 그곳이 오히려 더 자유롭고, 안전하다고 생각하기 때문이다.

영화 〈트루먼 쇼〉에서 주인공 트루먼은 자신은 날마다 진정한 삶을 살고 있다고 생각한다. 하지만 그가 매일 아침 만나는 사람은 똑같고,

인사도 똑같고, 심지어 하는 일도 변함이 없었다. 한 치의 오차도 허용하지 않는 일상과 삶을 반복할 뿐이었다. 자기 인생의 무대 위에서 트루먼은 자유를 누리고 있다고 생각했다. 하지만 그것은 진짜 자유가 아니라 자신만 모르는 가짜 자유였다. 트루먼은 익숙한 것들과 결별하고 이방인이 되자 비로소 자신이 처한 상황을 깨닫고, 현실을 넘어 세상 끝에 있는 천장의 문을 열었다. 그는 진정한 자유를 찾았다.

괴테는 "외국어를 모르면 자기 자신에 대해 아무것도 모르는 것"이라고 말했다. 단순히 언어를 배운다는 의미는 아닐 것이다. 외국에 가봐야 내가 살던 나라가 비로소 보이고, 내 자신이 누구인지도 정확히 알게 된다. 익숙함을 버리고 온전히 이방인처럼 살아야, 내가 누구인지 비로소 알게 된다는 의미일 것이다.

드라마 〈미생〉에서 오 차장은 한때 회사에서 함께 일했던 김 선배를 만났다. 김 선배는 회사를 그만두고 새로운 사업을 시작했지만 곧 문을 닫게 되었다는 안타까운 사연을 전하며 "회사가 전쟁터라고? 밖은 지옥이다"라고 말했다. 솔직히 이 말에 거부감이 좀 든다.

『화엄경』에는 '일체유심조(一切唯心造)', '모든 것은 마음먹기에 달렸다'는 말이 나온다. 원효 대사는 당나라로 유학을 가던 길에 한 무덤에서 잠이 들었다. 잠결에 목이 말라 달게 마신 물이 다음 날 아침에 깨어나 다시 보니 해골바가지에 담긴 더러운 물이었음을 알고, 그는 일체유심조의 진리를 깨달아 유학을 포기하고 대중에게 불교를 보급하는 데 힘썼다.

마음먹기에 따라 회사는 전쟁터가 아닐 수도 있다. 모든 사람에게 회사가 전쟁터일 수는 없을 테고, 회사 밖이 지옥은 더더욱 아닐 것이다. 만약 회사 밖이 지옥이라면 남은 반백 년을 살아야 하는 내게는 끔찍한 인생이지 않겠는가? 회사는 내게 밥벌이를 제공하는 고마우면서도 익숙한 공간이고, 회사 밖은 진정한 자유인인 이방인 그리고 노마드(Nomad)로서 살아가는 기회의 공간이기도 할 것이다.

머지않아 나는 익숙해진 회사를 떠나 낯선 이방인의 삶을 살아가려 한다. 머리가 백발이 되더라도 머물지 않고 떠나는 사람은 늙지 않을 것이다.

4.
내 방식 대로 산다는 것

나는 젊음을 부러워하기보다 진보(Progress)하는 50대이고 싶다. 한겨울 잎이 지고 가지만 앙상히 남은 나목(裸木)처럼 앙상한 몸으로 견뎌내는 그 원초적 강인함으로 살아내고 싶다. 내면의 힘으로 스스로 자라고 사방으로 뻗어 나가는 나무처럼 말이다.

문득, '나는 장기 근무 아르바이트생인가?'라는 생각이 들었다. 언제 그만둬도 이상하지 않은 나이가 되었지만 아직까지 비루한 밥벌이를 하고 있기 때문이다. '살아내는 것'이 아니라, 그냥 '산다'가 되어 '사는 김에' 밥벌이를 하고 있는 것 같다. 나처럼 많은 이들이 밥벌이뿐 아니라 세상 모든 일들을 '사는 김에' 하고 있으며, 밥벌이에 목매어 있는 것은 사실이다.

가끔 비굴해지는 나를 발견하곤 한다. 알량한 모래알 같은 경험으로 우겨대는 내 모습 말이다. "이 세상은 개인의 능력만으로 성공할 수 없다!"고 외치는 비겁한 웅얼거림은 나의 존재를 고무시키기 위한 소리 없는 아우성일 뿐이다.

새롭게 입사한 직원들이 점심을 같이 먹자며 연락해 왔다. 나도 모르게 "불러줘서 고마워"라고 했다. 소위 '노땅'인데 끼워줘서 고맙다는 말이 입 밖으로 나온 것이다.

상대적으로 나이 많은 직장인은 젊은 후배들에게 곧잘 '불러준다'라는 말을 하곤 한다. 젊은 동료가 식사 자리에 초대해 주었다는 고마움에 뜬금없이 '불러준다'는 말이 나오게 되는 것이다. 솔직히 이렇게 말하는 내 자신이 좀 서글펐다. '아직은 그럴 나이가 아니지 않은가?' 하면서 말이다.

『그리스인 조르바』의 저자 니코스 카잔차키스의 묘비명처럼 살고 싶다는 생각을 했다.

"나는 아무것도 바라지 않는다. 나는 아무것도 두려워하지 않는다. 나는 자유다."

조르바의 자유가 궁금했다. 그는 제도·관념·사상은 물론 물질에도 얽매이지 않고 그것들로부터 자유로웠다. 생의 마지막 순간에도 그 누구에게 의존하지 않는 모습은 늙고 볼품없는 노인이 아니라 붓다(깨달은 자)와 사뭇 닮았다. 그의 자유는 그냥 '산다'가 아니라 태곳적 강인함으로 '살아내는' 힘이었고, 카르페디엠(carpediem)과 아모르파티(amorfati)였다.

『책은 도끼다』의 저자 박웅현은 "구속받지 않는 자유가 아니라 원하는 것이 없을 때가 진정한 자유"라고 했다. 카잔차키스의 묘비명처럼 살고 싶다는 나의 바람은 언감생심(焉敢生心), 족탈불급(足脫不及)인 것 같아 부끄러웠다.

19세기 영국 철학자 존 스튜어트 밀은『자유론』에서 이렇게 말했다.

"누구든지 웬만한 정도의 상식과 경험만 있다면, 자신의 삶을 자기 방식대로(his own mode) 살아가는 것이 가장 바람직하다. 그 방식 자체가 최선이기 때문이 아니라, 자기 방식대로 사는 길이기 때문에 바람직하다."

'나의 방식대로 한 번이라도 살아본 적이 있는가?'라고 생각해 봤다. 이런 내 생각에 아내는 뭐라고 할까? '지금껏 당신 하고 싶은 대로 살지 않았냐?'라고 반문하지는 않을까? 내가 '하고 싶은 대로 산 것'은 무엇이고, 지금 '나의 방식대로 살고 싶은 것'은 도대체 무엇인가? 이 둘 사이의 간극은 참 멀고도 깊다는 생각이 들었다.

나는 월급쟁이다. 월급쟁이 삶의 굴레는 보이지 않는 타인이 쥐고 있는 셈이다. 내가 어디에서 근무할지도 출세도 타인의 손에 달려 있다. 나는 스스로 감탄하기보다는 타인의 감탄을 받기 위해 살아왔다. 씁쓰름하지만 그렇게 살았다.

'내 방식대로 산다는 것(his own mode)'이 중요한데, 이제 와서 왜 그렇게 생각하느냐는 반문을 받을 수도 있겠다. 과거에 그리 살지 못했으니 이제는 내 마음대로 하고 싶은 것을 마음껏 하며 살자는 것이 아니다. 타인의 눈과 박수에 얽매이지 않고 나도 모르게 스스로 감탄할 줄 아는 삶을 살아보자는 거다.

김정운 교수는 "우리는 감탄하려고 산다"라고 했다. 여행지에서 멋진 풍경과 건물을 보면 감탄사가 자연스럽게 나온다. 힘들게 오른 산위에서 멋진 풍광이 눈에 들어올 때도 그렇고, 맛있는 음식을 먹을 때도 마찬가지다. 자녀가 처음 걸음마를 시작할 때는 한 발 한 발 옮길 때마다 우리는 감탄사가 절로 나왔다. 그런데 점점 나이 들수록 스스로 감탄하는 삶이 줄어들고 있다. 오히려 인스타그램, 페이스북 등에서 다른 사람이 보내는 '좋아요'에 더 열광하는 삶이 되어 버렸다. 타인의 감탄에 익숙해졌기 때문이다.

켈리그래피(calligraphy), 붓글씨, 그림 등을 배우는 사람이 갈수록 늘고 있다. 매일 달라지는 글씨와 화폭(畵幅)을 보면서 만족해하는 것처럼, 잠시 일을 떠나 사소한 것에 스스로 감탄할 줄 아는 삶이 진짜 행복한 것이 아닐까? 일에만 얽매어 타인의 감탄만을 좇는 사람은 결국에 타인으로부터 나를 지킬 수 없다.

나는 이제 내 방식대로(his own mode) 삶을 살아내려 한다. 조르바는 그의 방식대로 삶을 살아냈다. 조르바는 스스로를 존중했다. 조르바가 훌륭해서가 아니라 그냥 조르바이기 때문이었다. 나는 나를 존중하기로 했다. 내가 훌륭해서가 아니다. 나는 '나'이기 때문이다.

5.
나이 듦과 청춘은 포개져 있다

아내가 거울을 바라본다. 자신이 조물주가 창조한 연약한 피조물임을, 중력으로부터 자유로울 수 없다는 현실을 깨닫고 있는 것일까? 시간이 멈추고 아내가 영원히 늙지 않는다면 과연 좋을까?

기원전 221년에 중국을 최초로 통일한 진시황제는 불로불사(不老不死)의 꿈을 가졌지만 오히려 그것이 수명을 단축한 원인이 되었다. 이집트인들은 영원히 살고자 죽은 사람의 몸을 보관할 수 있는 '미라'라는 절묘한 방법을 생각해냈고, 늙은 철학자 파우스트는 젊은 마르그리트를 얻기 위해 악마 메피스토펠레스에게 오로지 젊음을 달라며, 자신의 영혼을 팔기도 했다. 장수(長壽)는 영원히 살고자 하는 인간의 욕망이며 본능이다.

영화 〈인 타임〉은 영원히 살고 싶은 인간의 욕망에 대해 이야기한다. 이 영화에서 인류는 노화의 비밀을 밝혀낸다. 모든 인간은 25세가 되면 노화를 멈추고, 팔뚝에 새겨진 '카운트 바디시계'에 1년의 유예시간을 제공받는다. 이 시간으로 음식을 사고, 집세도 내고 버스도 타는 등 삶에 필요한 모든 것을 계산한다. 일한 대가도 시간으로 받는다. 시간의 양에 따라 운명이 달라지는 셈이다. 지금 나에게는 얼마의 시간이 남아 있을까? 평균수명을 산다고 가정하면 대략 30년가량 남았을 텐데, 시간으로 환산하면 약 26만 시간이다.

영화처럼 나의 시간(수명)을 늘리는 방법이 없을까 상상했다. 리처드 도킨스는 『이기적 유전자』에서 진화론의 개념을 토대로 장수의 비밀을 밝혔다. 장수에 대해 유전자의 경쟁을 통한 자연선택의 과정으로 설명했지만, 나는 조상으로부터 어떤 유전자를 받았는지를 알지 못한다. 혹자는 유전자를 속여서 자신의 실제연령보다 젊다고 생각하도록 하면 장수에 유해한 유전자를 막을 수 있다고 추측하지만, 내 몸속에서 벌어지는 화학적 변화를 어찌 알겠는가.

평균수명이 50세를 조금 웃돌았던 1960년대에 50대는 그야말로 뒷방 늙은이였다. 하지만 이제 오십대는 더 이상 '쉰세대'가 아니다. 대략 반세기여 만에 50대는 인생 황금기의 주인공으로 완벽한 신분

세탁을 이루었다고 해도 과언이 아니다.

김형석 교수는 『백년을 살아보니』에서 "사람은 성장하는 동안은 늙지 않는다. 노력하는 사람들은 75세까지는 정신적으로 인간적 성장이 가능하다"고 말했다. 김형석 교수는 백 년을 살았지만 늙지 않는 노인이기도 하다. "성장하면 늙지 않는다"는 그의 말에 담긴 철학적 의미를 나는 자세히 알지 못하지만 그 말을 듣고 겨울 벌판에서 온전히 바람을 맞듯 정신이 번쩍 들었다.

나는 어떻게 성장해 왔는가? '회사의 성장이 나의 성장'이라고 가슴에 새기며 IMF와 글로벌금융위기를 넘겼다. 아니, 버티고 또 버텼다. 월급쟁이 생활 30년. 무언가 죽어라 하기는 한 것 같은데 남은 건 없고, '성장'이라는 단어를 가슴 깊이 새겼지만 참으로 성장하지 않은 것도 같고, 밥벌이에 평생 목매느라 몸부림치며 시간을 쓴 것도 같다.

지금 생각해 보면 50대는 '이기적 성장'이 필요한 나이다. '이기적'이라는 말이 불편한가? 그동안 우리는 곤죽이 되도록 이타적인 삶을 살아왔다. 그만하면 된 것 아닌가?

진화론의 자연선택에 따르면 이타적 유전자는 사멸된다는데, 이제 조금은 이기적으로 성장해도 되지 않을까?

　또 하나 소개하고 싶은 영화는 〈아델라인〉이다. 아델라인은 우연한 사고로 노화를 멈추고 항상 29세의 미모를 간직하게 되었는데, 지금 그녀의 나이는 107세다. 늙지 않으면 더없이 행복할까? 아델라인은 영원히 늙지 않는 자신을 수상하게 여기는 사람들을 피해 10년마다 신분과 거주지를 바꾸며 살아가느라 외롭기만 하다.

　불로장생의 꿈을 가졌던 진시황제가 영원히 늙지 않았다면 역사가 바뀌었을지도 모르지만 분명한 건 익숙한 것으로부터 멀어지고, 낯선 환경에서 외로움을 느끼고, 가족을 먼저 떠나보내야 하는 슬픔을 감수해야 한다. 〈아델라인〉의 마지막 장면은 영화의 백미다. 그녀는 파티에서 거울을 보며 자신의 머리에 '흰 머리카락'이 나고 있다는 사실을 발견하고 매우 기뻐한다.

　반백 년을 넘게 산 내 모습은 어떠한가. 세월은 굽은 비포장도로처럼 얼굴을 밟고 지나가고 있다. 내 얼굴에는 내가 걸어온 길, 희로애락과 생로병사가 고스란히 담겨 있다. 태어남 안에 이미 죽음과 병듦

이 포함되어 있듯이, 늙지 않으려고 더 이상 애쓰지 말자. 숲에서 불어오는 바람이 숲 냄새를 머금고 있듯이, 나이 듦과 청춘은 우리 몸과 삶에 그저 그렇게 포개져 있는 것이 아닐까.

6.
지금껏 '중력'으로 살았다면,
이젠 '부력'으로 살자

석양은 도시에 닿아 숨을 거두고, 도시를 삼키는 일몰의 빛은 덧없이 가볍다. 겨울은 어둠을 다그치고, 도시의 불빛은 초조하다.

스위스 철학자 알랭드 보통(Alain de Botton)은 "초조함은 불안"이라고 했다. 그는 "인생은 하나의 불안을 다른 불안으로 대체하는 과정"이라고 했다. 왜 우리는 불안을 느끼는 것일까? 나는 그 원인이 '결핍' 때문이라고 생각한다.

사랑이 결핍되면 불안하다. 어린아이는 엄마의 부재(不在) 시 본능적으로 불안을 느낀다. 아내가 남편에게, 남편이 아내에게 사랑이 결핍되면 가족은 불안해진다. 상사와 동료, 가족에게 인정받지 못한다고 느낄 때 우리는 불안하다. 부(wealth)의 결핍은 미래를 불안하게 만들고, 지위(Status, 地位)의 결핍은 왜곡된 욕망을 부추기기도 한다. 결핍이 불안을 낳고, 불안이 장성하여 욕망을 낳는다. 그래서일까? 알랭드 보통은 "불안은 욕망의 하녀다"라고 말했다.

하나 마나 한 얘기인지 모르지만 퇴직은 우리를 불안하게 한다. 퇴직은 우리 존재를 결핍시키고 부재하도록 만드는 것 같기 때문이다. '나'라는 존재를 신기루처럼 사라지게 하는 결핍과 부재는 불안과 욕망을 낳는다.

그래서 불안과 욕망은 무언가를 꽉 붙잡고 싶어 한다. 돈을 붙잡고, 명예를 좇고, 자존심을 붙잡고 놓지 않으려 한다. 적당한 돈과 명예, 자존감은 어느 정도 필요하겠지만 '나'라는 존재의 결핍과 부재를 채우는 필요충분조건은 아닐 것이다. 힘을 주고 움켜쥐기만 하면 금방 기운이 빠져 삶이 병들고 사고가 발생할지도 모른다.

여러분은 삶이라는 망망대해에서 무엇을 꽉 잡고 있는가? 혹은 직장이라는 바다에서 부지불식(不知不識) 중에 꽉 잡고 있는 것은 없는가? 만약 그렇다면 잡고 있는 힘을 조금씩 빼 보기로 하자. 그렇지 않으면 대해(大海)에서 가라앉기를 반복하다 결국 숨을 쉴 수가 없게 될지도 모른다.

우리는 그동안 '중력(重力)'으로 살아왔다. 나의 지식, 나의 명예, 나의 지위, 나의 부(wealth)가 사람들을 끌어당겨 모이게 했고, 그 힘으로 버티며 살았다. 그러나 이제는 '부력(浮力)'으로 살아야 한다. 부력은 중력(重力)과 반대로 위로 뜨려는 힘이다. 부력으로 살려면 힘을 빼야만 한다. 그래야 인생이라는 바다에서 가라앉지 않고 살 수 있다.

"결혼보다 본질적인 것은 사랑이다"라는 말이 있다. 그렇다면 직장보다 더 본질적인 것은 일일 것이다. 지금 하고 있는 일은 내가 정말 하고 싶은 일인가? 직장에서 꼭 움켜쥐고 있어야만 내 일이 된다면 그것은 진짜 내 일이 아닐 것이고, 힘을 빼고 무심코 내려놓아도 늘 내 곁에 머물러 있는 일이라면, 그것이 진짜 내 일이지 않을까?

어느 강연에서 해녀의 '물질'과 관련된 에피소드를 들었다. 해녀들이 바닷속에 들어가서 해산물을 따는 일을 '물질'이라고 한다. 해녀가 물질하는 곳은 대부분 미끄럽고 울퉁불퉁한 갯바위 주위가 많다. 해녀는 물속에서 해산물을 캐고 밖으로 나올 때가 가장 위험하다.

이때 밖에서 해산물을 물 밖으로 안전하게 들어주는 행위를 '물마중'이라고 한다. 누군가 물마중을 나와줄 때 해녀들은 온몸에 피가 돌고 따뜻한 온기를 느낀다고 했다. 퇴직이 불안한 이유는 사람들이 나의 수고를 알아주지 않고 물마중을 나와주지 않기 때문이지 않을까? 이때 서러움이 물밀 듯 밀려온다.

회사 동료와 가족에게 '물마중'을 해주자. 그러면 그 사람은 또 다른 누군가에게 '물마중'을 할 것이고, 이런 선순환이 우리 사는 세상 곳곳에 퍼진다면 퇴직 때문에 더 이상 불안하고 초조하지 않을 것이다.

김창옥 강사는 "당신이 지키는 것이 결국엔 당신을 지켜줄 것입니다"라고 말했다. 내가 지켜낸 것은 무엇이 있을까? 나만의 공간에서 책을 읽고 사색하며 혼자만의 시간을 보내는 것이 아닐까? 나만의 행복을 만들어내는 그 시간과 공간이 훗날 나를 지켜주지 않을까?

내가 지켜온 삶의 가치관과 태도 역시 어두운 밤바다에서 길을 잃고 헤매는 배들에게 이정표가 되어주는 등대처럼 나를 지켜줄 것이다. 그것은 마치 물마중을 나와주는 것처럼 내 몸에 피를 돌게 하고 따뜻한 온기를 퍼지게 할 것이다.

그러니, 염려하거나 불안해하지 말자. 나만의 시간 그리고 나만의 공간을 지켜나가면 인생의 아름다운 꽃을 피울 수 있다. '아름다움'에서 '아름'은 '나'를 뜻한다고 한다. 내가 나다울 때 가장 아름답다는 의미다. 그렇다면 나다운 것은 무엇일까? 나다운 것을 하나둘 찾다 보면 인생이라는 바다를 안전하게 건너가는 힘, '부력'이 생길 것이다.

7.
내 안에 얼어붙은 바다를 깨자

한 소년이 있었다. 학창시절 소년의 행동발달 사항에는 '성실하지만 내성적이며 부끄러움이 많고 소극적임'이라는 말이 꼬리표처럼 따라붙었다.

'부끄러움이 많고 소극적임'이라는 꼬리표는 학년이 올라갈 때마다, 한 선생님의 손끝에서 다른 선생님의 손끝으로 마치 '붙여넣기(ctrl v)'처럼 이어지고 구전되었다. 소년은 책을 읽고 발표할 때마다 말을 더듬었고, 그때마다 손바닥은 수천 볼트의 전기가 흐르는 것처럼 감전되었다.

고등학교를 졸업한 지 30여 년이 흘러 친구들과 만났다. 친구들이 기억하는 그 소년은 어디서든 눈에 띄지 않았던 유령 같은 친구였다. 소년은 부끄러움이 많아서 내성적이라는 꼬리표를 달게 된 것일까? 아니면 꼬리표 때문에 소극적인 아이가 되었을까? 소년은 이제 중년이 되었다. 그는 자기 또래 친구들과 대중 앞에서 강의하며 밥벌이를 하는 사람이 되었다. 이미 눈치챘겠지만, 소년은 바로 필자다.

MBTI 검사를 했다. 아직도 소극적이고 부끄러움이 많은 사람일 거라고 생각했지만 전혀 다른 결과가 나왔다. 'ESTJ', '모험적이며 사업가적 기질이 있다'는 것이 아닌가!

내 안에 내가 미처 몰랐던 진짜 내가 자리 잡고 있었는지도 모른다. MBTI가 반드시 정답일 수는 없겠지만 '내 안에 또 다른 내가 숨어 있었을 수도 있다'고 생각하니, 인간의 존재에 대해 호기심이 일었다.

밀란 쿤데라는 "우리가 보고 읽고 느끼는 모든 존재 앞에는 마법의 커튼이 있다"고 했다. 이 커튼은 그 너머에 있는 것들을 가리고 숨기며 보지 못하게 하고, 오로지 커튼 앞에서 보여지는 삶만을 바라보게 하고 판단하도록 만든다. 그동안 수많은 커튼과 장막들로 인해 어쩌면 진짜 나를 바라보지 못한 채 살았을지도 모른다.

우리는 커튼 앞에 있는 나만 바라보며 삶을 살아간다. 하지만 커튼 앞에 있는 내 모습만 보아서는 안 될 것이다. 그 뒤에 숨어 있는 진짜 나를 바라봐야 한다.

2006년 여름, 아내는 집에서 TV를 없애겠다고 통보했다. 말 그대로 상의가 아닌 통보였다. 큰아이가 초등학교에 입학하고, 둘째가 이제 막 걸음마를 시작할 무렵이었는데, 퇴근 후 TV가 없어진 집은 조용한 산사 같았다. 아내가 그런 결정을 내린 것은, 아이들에게 좋은 글을 읽는 습관을 가지게 하기 위해서였다.

아이들은 저녁식사 후에 자연스럽게 책을 읽었다. 거실을 도서관처럼 바꾸기도 했다. 좋은 책이 있으면 책을 구하러 주말마다 서점을 돌아다녔다. 두 아이는 사교육 없이 혼자 힘으로 대학교를 논술로 입학했다. 고마운 일이다.

누군가는 "아이들이 아빠를 닮아서 그런 것 아니냐"고 했다. 듣기 좋은 말이지만 사실은 그렇지가 않다. 내가 아이들을 닮은 것이다. 아이들은 내 안에 잠들어 있던 독서 DNA를 깨우는 자극제가 되어주었으니, 좋은 독서 선생님인 셈이다. 물론 아내도 마찬가지다. 솔직히 이런 얘기를 하려고 한 것은 아닌데, 이야기가 좀 엇나가고 말았다.

프란츠 카프카는 "책은 내 마음속의 언 바다를 깨는 도끼"라고 했다. 나는 책을 읽을 때 심장에서 '도끼질'하는 소리가 들리는 것만 같다. 독서는 텍스트(Text)를 눈과 가슴으로 읽는 것이다. 텍스트만 읽어도 뜻을 이해할 수 있다면 좋은 글이다. 그런데 텍스트의 의미를 정확히 알기 위해서는 콘텍스트(Context)를 이해해야 한다. 콘텍스트는 텍스트 뒤에 숨겨진 진짜 의미이다. 문맥 또는 맥락이라고도 한다.

우리 가족은 책을 읽고 요약하는 연습을 자주 한다. 이때 단순히 텍스트만 보는 것이 아니라 콘텍스트도 함께 살핀다. 이와 같은 방법은 『표현의 기술』이라는 책에도 나와 있다. 누군가에게 "어떤 책이야?", "무슨 글이야?"라는 질문을 받았다면 자신이 읽은 텍스트를 쉽고 명확하게 설명해 주는 것이 바람직한데, 그러기 위해서는 콘텍스트를 해석하고 자신만의 언어로 압축하는 작업이 필요하다. 그 작업이 바로 글을 요약하는 기술이다.

문화심리학자 김정운 교수는 "재미는 창의성이고, 창의성의 원천은 '낯설게' 하기에 있다. 우리가 새롭다고 하는 것은 이전에 다 있던 것들이다. 단지 그것들이 속한 맥락이 바뀌었을 뿐이다"라고 말했다.

구구절절 옳은 말이다. 맥락(Context)이 달라지면 새로워진다. 과거의 '나'와 지금의 '나'는 다른 사람이 아니다. 단지 삶의 맥락, 콘텍스트가 바뀌었을 뿐이다. 콘텍스트가 바뀌면 내 안에 얼어붙은 바다를 깨고 멋진 나를 끄집어낼 수 있다. 내 삶의 맥락이 달라지고, 멋진 인생을 펼쳐 나갈 수 있는 것이다.

여행지에서도 마찬가지다. 우리는 건축물, 박물관, 광장 등을 눈으로 일일이 살핀다. 이것은 독서할 때 텍스트를 읽는 것과 같다. 좀 더 풍성한 여행을 즐기기 위해 텍스트 뒤에 숨어 있는 콘텍스트, 역사적 배경까지 알면 훨씬 도움이 된다.

릴케는 "모든 사람 안에는 사랑받고 싶어 하는 아이가 숨어 있다"고 했다. 삶에서 '나'를 가리고 있는 커튼과 장막을 걷어내자. 그러면 내 안에 있는 사랑받고 싶어 하는 아이가 나에게 말을 걸어줄 것이다.

8.
뒷모습은 가식이 없다
———————

아버지가 돌아가셨을 때였다. 장례지도사가 "유족들이 원하는 경우 염하는 과정을 볼 수 있다"고 해서 처음으로 그 모습을 보게 되었다.

젊은 장례지도사는 엄숙한 얼굴로 묵념을 하고, 정성을 기울여 머리끝부터 발끝까지 아버지의 몸을 닦아 나갔는데, 그의 손길이 지나갈 때마다 늙은 나무처럼 축 늘어져 있던 아버지의 몸은 생기가 되살아나 다시 깨어나실 것만 같았다. 장례지도사의 엄숙한 손놀림에, 아버지는 무언가 말씀하시려는 듯 입술이 조금씩 움직이는 것 같았다.

그리고 장례지도사는 아버지를 갓난아기 다루듯 어루만지며 조심스럽게 수의를 입혔는데, 그런 그가 아버지에게 생명을 불어넣는 신성한 존재처럼 느껴졌다. 아버지가 가시는 마지막 길을 경건하고 정성스럽게 배웅해 주니, 유족으로서 고맙기 그지없었다. 솔직히 자식도 못 하는 일이니까.

　아버지가 남기고 떠난 것, 그러니까 유품은 옷가지 몇 벌이 전부였지만 서랍장에서 메모장도 발견했다. 아버지의 고단했던 삶의 여정처럼 꾸불꾸불한 글씨들을 보노라니, 지난했던 아버지의 뒷모습을 보는 듯했다.

　부모를 생각하면 가장 먼저 어떤 단어가 떠오를까? 나는 '후회'라는 단어가 떠오른다. 부모가 자식의 곁을 떠날 즈음 자식들이 가장 많이 느끼는 감정이 후회라고 한다. '후회(後悔)'의 '회(悔)'는 마음 '심(心)'과 어미 '모(母)'가 합해져 만들어진 한자이다. 즉, '뒤늦게 어미를 생각하는 마음으로 뉘우친다'는 뜻이다. 우리는 부모에 대해 잘 안다고 생각하지만 의외로 부모에 대해 모르는 경우가 너무 많다.

　점심시간이 한참 지나고 나서야 늦은 점심을 먹으러 한 식당에 들어갔는데, 모녀가 병원비 때문에 다투는 것을 본의 아니게 듣게 되었다. 형제들 중에서 누가 더 부담해야 한다는 얘기를 딸에게 듣고 있는 어머니의 모습이 몹시 불편해 보였다. 형편이 좋은 자식이 부모의 병원비를 내면 문제될 것도 없지만 자식들 사는 형편이 고만고만하다 보니, 어머니는 가시방석에 앉은 기분이었을 것이다.

세상의 자식은 왜 부모에게 인색한 걸까? 기르는 반려동물이 병이라도 나면 동물병원에 달려가지만, 늙은 부모가 병이 나면 주춤거리는 경우가 많다. 부모가 자식에게 "나는 괜찮다"라고 말하면 괜찮겠지, 하며 태연해지는 것이 자식이다. 제 자식을 위해 쓰는 돈은 아깝지 않지만, 부모를 위해 쓰는 돈은 하나둘 따져 보는 경우도 많다. 부모는 열 자식을 외동아들 키우듯 키웠는데, 열 자식은 한 부모를 부담스러워한다.

자식은 부모님의 뒷모습을 보며 자란다. 지난했던 세월의 흔적이 굽이굽이 비포장도로처럼 부모님의 얼굴을 밟고 지나갔는데, 자식은 부모님의 그 얼굴을 알아보지 못한다. 솔직히 부끄러운 얘기다.

부모님의 뒷모습을 얼마나 자주 보고 있는가? 굽은 허리와 걸음걸이에서 무엇을 발견할 수 있는가? 내가 발견한 부모님의 뒷모습은 '내어 줌'이다. 독거미의 일종인 '염낭거미'는 새끼가 먹을 것이 없으면 제 살을 먹이로 주는 습성이 있는데, 염낭거미는 우리네 부모님과 같다.

부모님의 뒷모습은 꾸밈과 속임수가 없고 가식이 없다. 딱딱하지 않으며 부드럽고 따스하다.

　가족여행 중 큰딸아이가 계속해서 사진을 찍었다. 큰딸이 가장 많이 찍은 사진은 내 뒷모습이었다. "이게 진짜 아빠 모습이니?"라고 물었다. 사진에 찍힌 내 뒷모습을 보고 솔직히 너무 낯설고 당황스러웠다. 나는 딸에게 어떤 뒷모습으로 보여지고 있을지 궁금했고 부끄러웠다.

　먼 훗날, 내가 세상을 떠나게 되는 날, 나는 딸들에게 어떤 모습의 아빠로 기억에 남을까? 나는 아이들에게 글 읽는 뒷모습을 자주 보여주고 싶다. 그리고 그런 부모로 기억되고 싶다. 내가 읽은 책, 읽을 책, 읽다 만 책들을 정리하면서 '아빠는 이 작은 공간에서 무슨 생각을 하고 어떤 책들을 읽으며 세상과 소통하고 생을 보냈을까?' 생각해 보면 좋겠다.

　"서재는 한 사람의 십자가와 같다"는 말을 어느 책에서 발견했다. "그 사람의 책장을 보면 일평생 그 사람이 짊어진 삶의 무게가 무엇인지 알 수 있고, 그 사람의 목표는 무엇이었고, 세상을 보는 시각은 어떠했는지 그리고 수많은 생각과 믿음들이 고스란히 책장에 남아 있기 때문"이라는 책 속의 문장이 나에게 날아와 박혔다.

　나의 장례식에 찾아오신 조문객에게 살아생전에 나를 위로하고 따뜻한 온기를 전해 준 책들을 나누어 주고 싶다. 사람은 죽어서 이름을 남긴다지만 내가 좋아했던 문장들을 내 뒷모습으로 남기고 싶다. 나는 더 이상 이 세상에 존재하지 않게 되었지만 나를 깨웠던 글과 문장들을 장례식장 한 켠에 적어두고, 한 사람 한 사람을 맞이하고 싶다.

　가정에서 좋은 부모, 직장에서 좋은 리더는 뒷모습을 자주 보여주는 사람이다. 뒷모습에는 '가식'이 없다. 뒷모습은 '솔직한 모습'이고, 뒷모습을 보면 '포용과 허용'을 엿볼 수 있다. 앞모습만 보여주는 리더는 말만 앞서는 사람이다. '권위'와 '허세', '기만'을 부리는 사람이다. 앞모습이 아닌 뒷모습을 보여주는 사람은 사람들의 기억에 오래 남는다.

9.

밥은 굶어도 독서는 굶지 말자

『장자(莊子)』에는 "혜시다방(惠施多方), 기서오거(其書五車)"라는 말
이 있다. 이 말을 우리 말로 옮기면, "혜시는 여러 가지 분야의 학술
에 능통했고, 그가 지은 책은 다섯 수레에 쌓을 정도였다"이다. 혜시
가 다섯 수레에 달할 만큼의 책을 저술했다는 이 일화가 널리 퍼지
자, 당나라 시인 두보는 〈제백학사모옥(題柏學士茅屋)〉이라는 자신의
시에서 '남아수독오거서(男兒須讀五車書)'라고 강조했다. 이 말은 '남
자는 모름지기 다섯 수레 분량의 책을 읽어야 한다'는 뜻으로, 독서의
중요성을 강조하는 말이다.

나는 '읽는 삶'을 시작했다. 매일 책을 읽었다고는 장담하지 못하겠
지만, 그래도 매일 짧은 분량이더라도 글을 읽는다. 설령 그 내용이
기억에 남아 있지 않더라도 눈으로 입력된 글은 뇌에 전달되고 새로

운 정보가 되어 1,000억 개의 신경세포 속 어딘가 자리를 잡고 있을지 모른다. 그 단어와 문장들은 훗날 "나 여기에 있었어" 하며 나를 다시 반겨줄 것이다.

출퇴근 시간에 잠깐이나마 읽는 글은 하루의 삶을 단단하게 해준다. 오늘 만나야 할 사람을 상상하고, 무엇을 얘기하고 나눌 것인지 구체적인 이야기를 만들어낸다. 삶은 우연한 만남과 사건의 연속이어서, 훗날 돌아볼 때 그 모든 일들이 특별했음을 깨닫게 된다.

주말은 조금 더 시간을 할애해서 눈과 귀 그리고 입, 온 감각으로 글을 읽는다. 눈, 귀, 입으로 읽는 글은 나의 신경세포를 자극하여 새로운 언어와 의미를 만들어낸다.

글을 읽어 내려갈 때 낱말과 낱말은 서로 연결되어 또 다른 언어로 나에게 말을 걸어오는데, 그것은 20만 년 전 호모사피엔스가 이 땅을 지배하게 된 단순한 의사소통의 언어와는 차원이 다른 문자로 다가왔고, 나와 문자가 관계를 맺으면서 뇌 신경시스템이 창출해낸 새로운 의미로 다가왔다. 그것은 내 안에 새로운 우주를 만드는 것이었다.

'밥은 굶어도 독서는 굶지 말자', 처음 '읽는 삶'을 시작할 때 내 안에 나비처럼 날아온 각오이다. 이것은 내 안의 또 다른 '나'와 한 약속이었다. 읽고 싶은 책이 있으면 서슴없이 지갑을 연다. 책을 사는 데 돈을 아끼지 않는다. 나 같은 사람을 지적 허영심이 가득한 사람이라고 시기하는 사람도 있겠지만, 갈수록 어려워지는 출판업계에 빛과 소금 같은 사람으로 여기는 사람도 있을 것이다. 아무렴 상관없다.

읽지 않은 책들이 책상에 하나둘 쌓이고 먼지도 쌓이지만, 작가의 글이 내 눈과 귀, 가슴속에 전달될 때 그 글은 내 안에 새로운 세계를 만들고, 내 삶을 이끄는 '지혜'로 거듭나는 순간 나는 세상에서 가장 행복한 순간을 맞이한다.

그보다 더 좋은 것은 나 자신이 미처 눈치채지 못할 만큼 아주 천천히, 하지만 이전보다는 분명히 나은 사람, 그러니까 좋은 동료, 좋은 부모가 되어가는 것이다. 물론 나 혼자만의 착각일 수도 있겠지만, 내가 좀 더 나은 인간이 되어가고 있다는 것을 느낄 수 있다.

이 모든 행복은 매일 '읽는 삶' 덕분에 가능한 것이다. 매일 읽는 글들은 매일 나에게 말을 걸어오고, 글과 나눈 대화들이 생각으로 서서히 침잠되어서, 내 삶으로 투영되기 때문이다.

당신의 인생 책은 무엇인가? 내가 읽은 최고의 소설은 『칼의 노래』

이고, 나를 겸손하게 만든 책은 『코스모스』이며, 오래도록 천천히 자주 읽은 책은 『그리스인 조르바』이다.

　책에서 아름다운 문장을 발견하면 그 문장은 낯선 땅에서 만난 죽마고우처럼 반가운 목소리로 "안녕, 오랜만이야. 잘 지냈어?"라고 말을 걸어온다. 나는 이때 한없이 포근함을 느낀다.

　책은 어머니 품처럼 넉넉하게 나를 품어주는데, 내가 한없이 부족해도 언제나 자존감을 살려주기 때문이다. 외로울 때는 책을 곁에 두자. 책은 유심히 나의 얘기를 귀담아들어 준다. 그리고 다시 말을 걸어온다. 삶이 불안하다면 책은 따뜻한 위로를 건네줄 것이다.

　불안한 노후 때문에 걱정하는 사람들이 많다. 연금이 부족하다며 "진즉 준비할걸" 하면서 염려한다. 혹자는 "연금을 늘려야 한다"며 기술적인 방법을 알려주기도 한다. "자산이 부동산에 너무 치중되었으니, 부동산 일부를 처분하라"고 대안을 제시하기도 한다. 저마다 고민은 각양각색인데 노후에 어떤 삶을 살고 싶은지, 어떤 사람으로 살아가고 싶은지를 구체적으로 묻고 대답하는 사람은 드물다. 당신은 어떤 삶을 살고, 어떤 사람이 되고 싶은가? 삶에서 가장 중요한 논제가 빠져버린 노후대책은 콜럼버스가 신대륙을 인도라고 착각하는 것과 같지 않을까?

　나는 노후에 지금 살고 있는 작은 집에서 넉넉하지는 않겠지만 고마운 연금에 의존하며, 죽을 때까지 '지혜의 숲'에서 숨 쉬며 살아가는 '읽는 삶'을 살고 싶다. 그런데 혹자는 연금부자로 사는 것이 좋다고 말한다. 그렇다면 어느 정도의 연금을 받아야 연금부자라는 소리를 들을 수 있을까? 나는 최소한의 의식주를 해결할 수 있다면 그것으로 족하다고 생각한다. 욕심만 좀 줄이면 누구나 건강하고 만족할 만한 노후생활을 할 수 있을 것이다.

　나는 '연금부자'보다 '글 부자'가 되려고 한다. '밥벌이' 때문에 누군가를 속이는 말, 날카롭고 상처 주는 말을 던지는 삶에서 벗어나, 좋은 문장과 아름다운 글을 읽으며 날마다 진보(進步)하는 인간이 되고 싶다.

　김연수의 『우리가 보낸 순간』에 나오는 좋은 글이다.

　"우리가 지금 좋아서 읽는 문장들은 미래의 우리에게 영향을 끼친다. 그러니까 지금 읽는 이 문장이 당신의 미래를 결정할 것이다. 아름다운 문장을 읽으면 당신은 어쩔 수 없이 아름다운 사람이 된다."

여러분은 앞으로 어떤 삶을 살고 싶고, 어떤 사람이 되고 싶은가? 내가 바라는 어떤 사람이 되고 싶다면, 그런 사람이 되기 위한 말을 쓰고, 듣고, 읽고 생각해야 할 것이다. 무언가 매일 읽고, 쓰다 보면 그런 사람이 되는 길을 스스로 열어갈 수 있을 테니까.

10.
책은 외로움과 고독을
차단하는 부적(符籍)이다

카뮈는 "우주가 얼마나 크다는 것을 가르칠 수 있는 것은 거대한 고독밖에 없다"고 했다. 그는 "외로움보다 인간에게 더 무서운 공간은 없고, 고독보다 인간에게 더 두려운 감옥은 없다"고 했다.

10월, 마른 잎이 바스락거리며 굴러가는 소리는 "외로움과 고독의 소리"일까? 그렇게 생각한다면 가을은 억울할지 모른다. 외로움과 고독의 대명사로 취급받으니 말이다.

어떤 철학자는 "나이 들수록 혼자가 되어야 한다"고 말했다. '중년이 되면 외롭다'고 생각하는 사람이 많은데, 우리 중년 역시 '외로움'이라는 훈장을 억지로 달고 고독을 강요받는 것 아닐까?

아이들이 성장하고 회사에서 직위가 올라갈수록 혼자 있는 시간이 많아진다. 솔직히 이런 시간들이 싫지만은 않다. 홀로 걷고 사유(思

惟)하는 시간은 나를 점점 넓고 깊게 만드니까.

나는 책을 읽고 쓴 독후감을 블로그 등에 종종 포스팅하는데, 간혹 오해를 사기도 한다. "외로워 보이는데……."라는 댓글이 달린 적도 있다.

외로움의 사전적 의미를 찾아봤더니 '홀로되어 쓸쓸한 마음이나 느낌'이라고 나와 있다. 하지만 나는 혼자 있어도 외롭지 않다. 물론 외로움을 느낄 때도 있다. 내가 느끼는 외로움은 같은 공간에 함께할 사람이 없어서 느끼는 감정이 아니다. 군중 속에 있어도 초연결사회에서도 외로움을 느낄 때가 종종 있다.

아침마당 진행자였던 김재원 작가는 『아주 작은 형용사』에서 "아무도 위로해 주지 않을 때 외로웠고, 외로움을 표현하지 못해 더 외로웠다"고 했다. 그렇다. 혼자라서 외로운 것이 아니라 위로받지 못하고 표현하지 못해서 외로운 것이다.

카프카의 단편소설 「가장의 근심」에는 '오드라덱(Odradek)'이라는 생물인지 무생물인지 알 수 없는 어원이 등장한다. 혹자(或者)는 이것을 가장이 겪는 외로움이라고 표현했는데, 카프카는 이것에 대해 "낙엽들 속에서 나는 서걱거림으로 오랫동안 아무 말도 하지 않고 나무토막처럼 보인다"고 묘사했다.

나는 카프카처럼 멋진 문장과 언어로 외로움을 표현해내는 재주는 없다. 내 감수성과 문장력으로는 서걱거리는 외로움을 제대로 표현해내지 못하니, '외로움'을 '위로'라는 두 음절의 단어로 달래기로 했다.

외로움을 위로하기 위해 신기율 작가의 『은둔의 즐거움』에서 발견한 문장을 읽고 또 읽었다.

"섬처럼 고독하고, 호수처럼 고요하며, 바람처럼 고결하게 스스로에게 반하는 사람이 되려면 혼자 있을 때 눈부셔야 한다."

'혼자' 있다고 해서 마냥 외롭기만 하는 것은 아니다. '고립'은 무기력하게 혼자가 되는 것이지만 '혼자' 있으면 자기 성장을 위한 넘치는 자유를 만끽할 수 있다.

그래서일까? 혼자 여행하는 사람들을 보면 외로워 보이지 않는다. 혼자 여행하는 사람은 한곳에 머물지 않기 때문이다.

"한라산 소주에 자리물회 한 그릇이면 함부로 외로울 수 없다"고 했던 어느 시인의 시(詩)처럼 낯선 여행지에서 뜻밖의 위로를 받게 되면, 서걱거리는 외로움을 천천히 삼켜버릴 수 있다. 그동안 우리가 외로웠던 이유는 위로가 없는 공간에서 계속 머물러 있었기 때문이다.

혼자 떠나는 여행이 위로의 공간이 된다면, 책상에서 떠나는 여행도 서걱거리는 외로움을 덜어낼 수 있을 것이다.

누군가 내게 "무엇으로 당신의 외로움과 고독감을 위로할 수 있을까?"라고 질문을 한다면 서슴없이 '책'을 꼽겠다. 책 읽는 사람은 외로움을 느끼지 않는다.

세계적인 패션디자이너 샤넬은 어린 시절 보육원에서 지냈다. 훗날 화려한 삶을 산 것과는 정반대로 살았다. 그녀는 허름한 다락방에 살았지만 오히려 충만한 하루하루 보냈다. 왜 그랬을까? 바로 책을 읽었기 때문이다.

"책은 나의 가장 좋은 친구였어요."

나 역시 책장이 하나둘 책으로 채워지고, 책상 위에 책이 쌓여가는 것이 즐겁다. 풀내 나는 책이 가득한 책장은 외로움과 고독감이 슬금슬금 침투하지 않도록 차단하는 부적(符籍)이다.

나는 사람도 책이 될 수 있다고 생각한다. 강연과 상담 때문에 매일 사람들을 만나는데, 내가 만나는 사람들은 내게 '사람 책'이다. 그 책들을 읽으며 사람과 인생에 대해 배울 수도 있으니 이 또한 좋은 책이 아닌가 싶다. 사람 책은 활자로 인쇄되지 않았을 뿐이지 읽는 책보다 훨씬 거대한 서사(敍事)를 전한다. 장편부터 단편에 이르기까지 사람 책은 선한 영향과 위로를 주고받게 한다.

나에게 의미 없는 하루는 없다. 왜냐하면 날마다 사람 책을 읽는 재미가 쏠쏠하기 때문이다.

11.
나는 마음을 파는 장사꾼입니다

어느 인터뷰에서 기자가 나를 이렇게 표현했다.

"고객에게 최적의 재무컨설팅을 제공해야 하는 '금융어드바이저'인 그는 고객에게 돈 얘기를 하지 않는다. 그는 마음을 파는 장사꾼이다."

고마운 표현이다. 고(故) 이어령 교수는 "물질이 자본이던 시대는 끝났습니다. 지금은 공감이 가장 큰 자본이지요. BTS를 보러 왜 서양인들이 텐트 치고 노숙을 하겠어요? 아름다운 소리를 좇아온 거죠. 그게 물건 장사한 건가요? 마음 장사한 거예요"라고 했는데, 나는 '마음 장사'라는 말이 참 좋다.

마음을 판다는 것은 무슨 의미일까? '마음 장사'는 상대방을 바라보고 집중하는 것이며 귀담아듣는 것이다. 누군가가 자신을 바라보고 집중하고 있음을 느끼게 될 때 자신이 소중하며 중요한 존재임을 인간은 본능적으로 느끼게 된다.

엄마가 아이의 눈을 바라본다. 이때 엄마는 아이에게 집중을 한다. 이것은 엄마가 아이에게 '마음 장사'를 하고 있는 것이다. 아이는 자신이 소중한 존재임을 본능적으로 알게 된다.

엄마의 시선에 아이의 입꼬리가 올라간다. 아직 말을 하지 못하는 아이가 엄마의 눈과 마주치며 처음으로 소통을 시작하는 것이다. '마음 장사'는 눈을 마주치는 것부터 시작해야 한다.

요즈음 눈을 마주치는 일이 드물다. 회사에서는 비대면 소통이 보편화되어서 결재, 회의, 업무를 채팅이나 SNS로 전달하고 있다. 효율적이지만 마음을 나눌 수는 없다.

마음을 나누지 못하는 사회는 외롭기만 하다. 직장과 가족도 마찬가지다. 마음을 나누지 못하는 진짜 이유는 '존중의 결여' 때문이다. 상대방을 오롯이 바라보며 집중하면 상대로 하여금 존중받고 있다는 것을 느끼게 한다. 존중이란 '당신이 나보다 우선적 존재이고 나보다 소중하다'고 말하는 상호 간의 따뜻한 눈빛 나눔이다. '나는 당신이 먼저 경험한 사실과 세상을 당신만큼 알지 못하지만 당신을 통해 조금이나마 그 세상을 알아가려고 합니다'라고 말하는 시선을 보내는 것이다.

부부간에도 '마음 장사'가 필요하다. 평생을 붙어 있지만 서로를 전혀 이해하지 못하는 부부가 많다. 서로 바라보고 있지만 상대의 마음은 쳐다보지 않는 '친밀한 적대자'라고 해야 할까? 부부가 '마음 장사'를 하지 못하는 이유는 존중이 사라졌기 때문이다. 연애 시절에 나보다 우선이었던 배우자가 이제는 뒷전으로 밀리고, 상대방에게 집중하지 않고 눈을 마주치지 않아서 헤어지는 부부가 많다. 우리는 이것을 권태기라고 부른다.

회사와 직원 사이에도 권태기가 있다. 서로에게 관심과 집중이 사라지는 순간 존중은 사라진다. 직원은 회사, 회사는 직원에게 '집중'하면서 귀담아듣고 눈을 마주칠 때 따뜻한 존중의 눈빛을 주고받게 된다. 그래서 가정과 직장 등 사회 곳곳에 '마음 장사'가 필요한 것이다.

장례업을 운영하는 60대 후반의 고객을 만났다. 오래전부터 선친께서 하시던 가업(家業)을 이어받으셨다고 했다. 그는 내게 "요즈음

들어서야 장례지도사라는 직업이 생겼지만 오랜전에는 불결한 직업이라고 생각했지요"라고 말했다. 그런 가업을 당신이 오롯이 이어받았다고 했다. 그는 사람들에게 외면받는 일을 가업으로 물려받으며 외로움의 시간을 보내야 했다. 그에게는 망자만이 친구이자 부모였고 가족이었다.

이분과 대화를 이어가다가 〈굿바이〉라는 일본 영화가 떠올랐다. 이 영화의 줄거리는 다음과 같다.

도쿄에서 첼리스트로 활동하던 '다이고(모토키 마사히로)'는 몸담고 있던 악단이 해체되자 아내 '미카(히로스에 료코)'와 함께 고향으로 돌아간다. "연령, 경험 무관! 정규직 보장!"이라는 여행사 구인 광고를 발견하고 면접을 보았는데 바로 합격했다. 그런데 여행사는 인생에서의 마지막 여행인 죽음을 배웅하는 장례지도회사가 아닌가. 아내와 그의 친구들은 다이고가 장례지도사로 새출발을 하는 것을 반대하지만 그는 그 회사에 들어간다.

우리나라에서는 장례지도사가 시신을 직접 수습하는데, 일본에는 시신만 전문으로 수습하는 '납관사'가 있다. 하루아침에 화려한 첼리스트에서 납관 도우미가 된 주인공은 모든 것이 낯설고 거북하지만 선배 납관사에게 일을 배우며 사명감을 갖게 된다. 베테랑 납관사가 정성스럽게 고인의 마지막을 배웅하는 모습에 크게 감동하여 이 일에 매력을 느끼게 된다.

나는 이 영화가 떠올라서 이런 얘기를 나누었다.

"미래의 꿈이라고 생각했던 것이 진짜 내 꿈이 아닐 수 있습니다. 진짜 꿈은 선생님처럼 인생의 마지막 여행을 떠나는 사람들을 잘 배웅하는 일이지 않을까요?"

그러자 그분은 흐뭇한 얼굴로 나를 바라보시며, 고맙다고 하셨다.

'마음 장사'는 상대의 이야기를 귀담아듣는 것부터 시작해야 한다. 사람에게 집중하고 마음을 나누면 서로 소통하게 된다. 상대방의 이야기를 귀담아들으면 당신은 단순한 장사꾼이 아니라 존중받는 아름다운 사람이 될 것이다.

따뜻한 기운을 주는 사람은 자기가 만나는 사람들에게서 아름답고 뜨거운 기운을 이끌어내지만, 격식만 차리는 사람은 같은 사람을 만나더라도 형식적인 대화만 나눌 뿐이다. 나는 사람들에게 어떤 사람이 되고 싶은가? 사람들의 마음을 사로잡기 위해서는 어떻게 해야 할까?

　메모장에 적힌 톨스토이의 글을 소개하고 싶다.

　"사람은 강과 같다. 모든 강은 어떤 데서는 폭이 좁고 물살이 빠르다. 또 어떤 데서는 폭이 넓고 수면이 잔잔하다. 맑기도 하고 차갑기도 하다. 진흙탕이기도 하고 따뜻하기도 하다. 사람도 똑같다."

12.
나는 어떤 꼰대일까?

"같은 강물에 발을 두 번 담글 수 없다"는 문장이 기억 속에서 흐르고 또 흘렀다. 과거에서 현재로 이어지는 시간은 비가역적이어서 지금의 내가 그때의 내가 아니라는 의미다. 생물학적으로 인간의 신체는 수없이 많은 세포로 이루어졌는데, 세포도 며칠이면 새로운 것으로 바뀌고 어떤 것은 수년 동안 생성과 소멸을 반복하면서 새것으로 변한다. 신체는 이렇게 부지(不知) 가운데 변하지만 단지 몸만 변하는 것은 아니다. 과거에 형성된 가치관과 기준도 변하는 경우가 있다. 그러나 과거에 존재했던 좌표(가치관과 기준)를 고집하고 그 가면을 벗지 않으면 시쳇말로 영락없이 '꼰대'가 된다.

국어사전에서 '꼰대'라는 말을 찾아보았다. '꼰대'란 '늙은이'를 말하는 은어로 학생들에게는 '선생님'을 지칭한다고 나와 있다. 나이 많은 사람을 비하하는 뜻을 담고 있는 것이다. 2019년 9월 23일, 영국

BBC방송은 자사 페이스북에 오늘의 단어로 'kkondae(꼰대)'를 소개하면서 이렇게 풀이했다. '자신이 항상 옳다고 믿는 나이 많은 사람', 그렇다면 나는 꼰대인가?

나는 50대 중반, 젊은 후배 직원들에게는 당연히 꼰대로 여겨질 수 있을 것이다. 아니기를 바라지만 이 또한 내 욕심이다. '꼰대'가 '자신이 항상 옳다고 믿는 나이 많은 사람'이라면, 나이야 어쩔 수 없지만 내 주장이 틀릴 수 있음을 인정하면 '꼰대'라는 소리를 덜 듣지 않을까? 그런데 말이다. 동료와 후배에게는 몰라도, 자식에게만큼은 참 쉽지 않은 것 같다. 그래서 부모는 모두 꼰대가 되는가보다.

물리학자 김범준은 『보이지 않아도 존재하고 있습니다』에서 "세상에는 두 종류의 꼰대가 있다"고 했다. 같은 분야에서 오래전에 형성된 가치관과 판단기준으로 현재 상황에 적용하는 '시간 꼰대', 오랫동안 형성된 자신의 전문성을 다른 분야에 적용하면서 항상 옳다고 믿는 '공간 꼰대'가 있다고 한다.

'시간 꼰대'는 요즈음 우리가 얘기하는 '라떼 꼰대'다. 이 꼰대는 회사나 주변에서 흔히 볼 수 있다. 친구, 동료직원들과 소주잔을 기울이며 "그때가 좋았지!"라며 추억을 소환하고 과거의 무용담을 늘어놓는다.

　며칠 전, 입사 동기들과 저녁을 같이 먹었다. 한잔 술에 곤죽이 된 우리는 직장생활의 기억을 소환하고 추억했다. 얼마 남지 않은 밥벌이의 삶도 위로하고 격려했다. 그런데 대화 주제가 20~30년 전에 머물러 한 치도 나아갈 분위기가 아니었다. 정말 화석 같은 이야기만 반복하고 또 반복했다. 만약 젊은 후배 직원들이 옆자리에 있었다면 우리는 '꼰대 대마왕'이라는 소리를 들었을 것이다.

　내 자신이 '꼰대'라는 사실을 부인하고 싶지는 않다. 나 역시 종종 젊은 후배 직원들이 마음에 들지 않는 행동을 하면 "기본이 안 되었어"라며 혼잣말을 중얼거린다. 내가 생각하는 '기본'은 언제 통하던 것일까? 20~30년 전에 도제식(徒弟式)으로 배우고 경험했던 당시의 잣대를 지금 상황에 적용하는 사람인 셈이다. 이런 사람은 영락없는 '시간 꼰대'의 전형이다. 그래도 '시간 꼰대'는 자기가 '꼰대'인 것을 알고는 있으니 그나마 다행이다.

　문제는 '공간 꼰대'다. '시간 꼰대'는 우리 주위에서 쉽게 만날 수 있는 평범한 사람들인데, '공간 꼰대'는 전문가라는 가면을 쓰고 본인의 전문 영역이 아닌 다른 영역에서도 전문가 행세를 한다. 나는 이런 꼰대를 '생계형 꼰대'라고 부른다. 이들은 자신의 전문 영역이 아님에도 마치 전지전능한 전문가처럼 말한다. 회사에서는 생계형 꼰대일수록 지위가 높은 경우가 많다. 하지만 지위가 높은 분들을 폄하하려는 의도는 없으니 오해하지 않기를 바란다. 일반적으로 그렇다는 말이다.

상사의 이야기를 아랫사람이 반박하거나 토를 달기 어려운 경우에 생계형 꼰대는 더 강한 확신과 믿음을 장착하고 자신의 공간과 지경(地境)을 넓혀간다. 마치 자신이 옳은 말만 하고 모든 것을 아는 것처럼 행동하지만 솔직히 '오지랖'을 부리는 셈이다. 부하직원이 고개를 끄덕이면 내가 옳은 말만 하고 있다고 믿는데, 이는 생계형 꼰대의 착각이다. 이런 생계형 꼰대는 자신이 꼰대인 것을 인식하지 못하므로 문제다.

세월에 장사 없으니 누구나 꼰대가 될 수밖에 없다. 빨리 되느냐, 아니면 좀 더 늦게 되느냐의 차이만 있을 뿐이다. 강물은 멈추지 않고 흐른다. 한 번 발을 담근 강물은 흘러가 버리고, 두 번째 발을 담근 강물은 예전에 흘렀던 그 강물이 아니다. 그러니 "같은 강물에 발을 두 번 담글 수 없는 것"이다. 과거에 통했던 방식을 현재에도 고집하는 것은 바람직하지 않다.

　세상은 변하는데 여전히 과거의 좌표에서 한 발짝도 시간과 공간(전문영역 등)을 이동하지 않고 있다면 큰일이다. 내 몸의 세포가 생성되고 소멸되며 다시 태어나듯이 내 좌표의 시간과 공간의 축을 넓혀간다면 '꼰대'가 아닌 '어른'으로 인정받지 않을까?

13.
나는 매일 글밭을 가꾼다

퇴근 시간이 가까워지면 창밖 하늘은 어김없이 주홍빛으로 물든다. 오늘 하루의 무게가 천천히 어깨에서 풀려나던 그때, 문득 곽재구 시인의 문장이 떠올랐다.

"서해에 노을이 진다. 노을은 서해의 시다."

이 구절이 좋아서 오래전에 적어두었는데, 이런 저녁이면 유독 나도 한 번 시인이 되어볼까 싶다. 좋은 문장은 시간이 지나도 마음 한켠에 빛처럼 남아 다시 떠오르고, 내게 작가 또는 시인이 되어보라고 한다. 그래서 나는 이렇게 적어 보았다.

"여의도 불빛은 시다. 낮 동안 남겨진 말들은 서쪽 하늘로 한 장 한 장 넘어간다. 불빛이 켜질 때마다 그 불빛은 시어가 되고, 도시의 바람은 시를 읽는다. 도시 불빛은 노을을 닮아 천천히 도시를 물들인다. 오늘의 여의도는 뉴욕보다 아름답다."

뉴욕을 가본 적은 없지만, 어둠을 이겨내고 피어나는 여의도의 불빛은 오늘 하루 고단한 밥벌이를 하느라 노곤해진 내게 응원을 보내는 것처럼 느껴져서 더 아름답게 보인다. 그래서 나는 삶의 순간을 눈으로 담고, 손으로 기억하기 위해서 부끄러운 흉내를 매일 조금씩 내고 있다.

읽은 책은 씨앗이 되고, 스쳐 지나간 풍경은 흙이 되며, 사람들과 나눈 대화는 거름이 된다. 그로 인해 글밭의 지력이 생기고 조금씩 비옥해지는 것이다. 농부가 흙을 손바닥으로 들어 올려 어젯밤 바람의 흔적을 살피고, 이랑 사이로 햇빛이 드나들 길을 열어주듯, 나 역시 단단한 생각을 뒤집고 빛을 들이며 하루를 채워간다.

며칠 후, 하늘은 또다시 붉은 주홍빛으로 번졌다. 나는 그 풍경을 놓치지 않으려고 노트에 짧게 적었다.

"하늘은 주홍빛으로 번지고, 도시의 윤곽은 어둠 속으로 잠긴다. 유리창에 스친 빛과 먼지, 차가운 공기는 그대로 멈춰 있다. 해가 저물면, 하루의 이야기를 거름 삼아 글밭을 가는 시간, 글을 배우는 이에게는 숨이 가빠지는 시간이다. 글은 숨이다. 글로 숨을 쉴 수 있을까?

글을 쓴다는 건 마음에 피어난 생각을 낱말이라는 씨앗으로, 문장이란 땅에 심는 일. 그것은 곧 생명을 불어넣는 일이다."

농부가 밭을 가는 것은 흙의 숨을 틔워주기 위해서이다. 단단해 보이는 흙을 살짝 들어 올리면 안쪽에서 더 촉촉하고 따뜻한 결이 드러난다. 글도 마찬가지다. 겉으로는 단단해 보이던 생각을 뒤집으면 그 밑에는 감정의 층들이 숨어 있다. 글을 쓴다는 건 내 마음의 층위를 확인하고, 바깥으로 꺼내는 과정이 아닐까?

얼마 전 늦가을, 장모님의 텃밭으로 고구마와 대추, 단감을 따러 갔다. 지난번 고구마를 캔 자리에는 벌써 마늘이 심어 있었다. 감을 따는 일은 생각보다 쉽지 않았다. 일솜씨가 서툰 내가 못 미더우셨는지, 장모님은 일일이 가지를 자르는 법, 장대로 감을 따는 법을 가르쳐 주셨다. 이상하리만큼 즐거운 시간이었다.

갓 캔 고구마를 삶아 김치와 함께 막걸리를 마시는데, 순간 그것은 마치 신화 속 신들이 먹고 마셨다는 '암브로시아'와 '넥타르' 같았다. 필멸의 존재도 그것들을 먹으면 불사의 몸이 된다지? 그 상징적인 기쁨이 입안에 퍼졌다. 깨끗이 씻은 단감을 한입 베어 물자, 입안 가득 달콤함이 채워졌다. 그때 문득, 하나의 문장이 머릿속을 굴러다녔다.

"단감처럼 늙고 싶다. 떫디떫은 날들을 견디고 나서야 비로소 단감이 된다. 늙는다는 건, 달아지는 것이다."

그 순간, 왜 그런 문장이 떠올랐는지 모르겠지만 나는 마음속에서 피어오르는 것들을 붙잡고 싶었나 보다. "단감처럼 늙고 싶다"는 이 직유처럼 우리는 고비와 상처, 실패를 조금씩 안고 살아간다. 젊은 날에는 서툴고 모자라서 떫고 씁쓰름한 나날을 보내야 했지만 나이 들수록 우리네 삶은 단감처럼 익어간다. 햇빛과 바람을 함께 품어야 우리네 인생도 단감처럼 달고 단단하게 익어간다.

꽃밭 흡혈

안경처럼 늙고 싶어

먹이를 발견한 짐승이
세상을 압인하는 동작으로

늙고 늙어버려

흰 망토에 휩쓸리고 싶어

순간에 백년을 살게 한다는

캄캄한 눈동자에 한방,

얼어버린다면 어떨까

녹아버린다면 어떨까

시들기 위해 터지는 폭죽 아래 집을 짓고

버섯이 되는 우리들

하하,

사람처럼 느린 꽃이 어디 있담 피었다 지기까지

웃으며

날아가는 민들레

　박연준의 시「꽃밭 흡혈」을 읽었을 때도 그랬다. 이 시의 첫 구절
인 '안경처럼 늙고 싶어'와 만날 때도 인생의 묘미를 깨달았다. '안경

처럼 늙고 싶어'라는 짧은 구절은 '내 늙음이 누구의 시야도 가리지 않고 오히려 더 선명한 세상을 보여주는 존재가 되고 싶다'는 겸손한 바람을 담아낸 것이 아닐까?

　나는 아직 글을 능수능란하게 쓰지는 못한다. 모니터 앞에서 쓰고 지우기를 반복하고, 문장 사이의 행간이 어색해서 손볼 데가 많다. 그럼에도 매일 농부의 마음으로 글밭을 갈고 있다.

　글을 쓰다 보면 어느 순간 세상이 조금 달라 보일 때가 있다. 산책 길에 스치는 바람과 나뭇잎이 흔들리는 그 작은 소리들이 문장처럼 들리고, 유난히 밝은 도시 불빛이 하나의 단어처럼 느껴지며, 누군가의 짧은 한마디가 오래도록 마음속에 남아 작은 글감이 되기도 한다.

　예전에는 그냥 지나쳤던 것들에 귀를 기울이면서 나는 청년 시절보다 더 젊어진 영혼으로, 두 번째 청춘으로 살아가는 것 같다. 그러면서 진짜 나와 만나고 있다.

　여전히 서툴고 자주 막혀서 잡초가 무성한 글을 쓰고 있지만, 오늘도 용기 내어 글을 쓰고 있다. 두 번째 청춘으로 살기 위해!

나는 마음을
파는 장사꾼
입니다

제**2**부

두 번째 청춘을 위한
직장생활 마무리

1.

퇴직할 때도 '좋은 이별'을 해야 한다

"아버지가 되는 것은 쉽지만, 아버지로 살아가는 것은 쉽지 않다"는 광고카피가 날카로운 겨울바람처럼 내 심장을 베었다.

어느 해 12월의 마지막 날, 나는 아버지의 임종을 차마 지켜보지 못했다. 아버지와 헤어질 날이 점점 다가오자, 나는 숨고 싶었고 도망쳤다. 얼마의 시간이 흘렀을까? 아버지의 부고가 들려왔다. 내 인생에서 처음이자 가장 큰 이별이었다. 영화나 드라마를 보면서 곧잘 눈물을 흘리곤 했지만 도무지 눈물이 나지 않아 나를 당혹스럽게 했다. '울고 싶은데, 울고 싶은데……' 생각했지만 '꺽꺽' 소리가 안으로만 맴돌았다.

한동안 나는 아버지의 죽음에 대해 약간의 책임감과 죄의식에 사로잡혀 있었다. 그날, 아버지는 불안한 눈빛으로 요양병원(돌이켜보면 그곳은 영화 〈쇼생크 탈출〉의 회색감옥 같았다)에 입원하는 것을 거부하셨고, 불과 두 달도 채 안 되어서 생의 마지막 줄을 놓으셨다. 나는 아버지의 임종을 목도(目睹)하는 것이 두려웠다. 아니, 아버지의 죽음을 인정하고 싶지 않아서 그 순간을 회피하고 싶었다. 이것이 줄곧 내 안에 화인(火印)으로 남았다.

　국민학교 1학년 즈음, 셋방살이를 하던 우리 가족은 한 방에서 다섯 식구가 살았다. 해가 서산으로 뉘엿뉘엿 저물고 모두가 제 집으로 돌아가는 시간이 되었지만 나는 주인집 마루에서 TV를 보느라 집으로 돌아가지 않았다. 그런 내 모습이 퇴근 후 돌아오시던 아버지의 눈에 짠하게만 보였을까?

　며칠 뒤, 동네 전파사에서 다리가 넷 달린 TV를 배달해 주셨다(이 TV는 내가 고등학생이 될 때까지 방 가운데를 차지했다). 부자가 된 느낌이었다. 주인집에만 있던 TV가 우리 집에도 생겼다는 사실만으로 세상 그 누구도 부럽지 않았다.

　아버지는 군대에서 '위생병'이셨다('의무병'이 정식 명칭이지만 아버지는 내게 '위생병'이라고 하셨다). 어머니 그리고 나와 동생들이 아프면 링거(Ringer) 주사를 직접 놓아주시기도 했다(그래도 되는 것인지 의문이 들기도 했지만 말이다). 내가 아직도 아버지에 대한 이런 소소한 기억들을 소환해 내려는 이유는 아버지를 진심으로 지켜주지 못했다는 죄책감과 아쉬움 때문이다.

시간이 흘렀음에도 나는 여전히 아버지를 떠나보내지 못하고 '슬픔', '죄책감' 등의 감정을 꾹꾹 눌러 새기고 있었다. 정신분석학을 개척한 프로이트는 1차 세계대전 후 가족을 잃은 사람들을 대상으로 면담한 결과, 이별을 잘하지 못하면 병이 된다는 사실을 처음으로 밝혀냈다. 그는 "슬픔은 내면에 깃든 생각과 감정을 의미하고, 애도는 슬픔의 감정을 외부로 표현하는 일련의 과정과 상태"라고 했다. 나는 아버지의 삶에 대한 이야기를 'KBS 생방송 아침마당' 강연과 글쓰기를 통해 '꺽꺽' 슬픔을 토해냈다. 이것이 나만의 '애도의 과정'이었음을 뒤늦게 알게 되었다.

독일 심리학자 베레나 카스트의 『애도』에 나오는 말이다.

"애도는 새로운 자기체험이 생겨날 수 있게 한다. 충격받는 사람의 삶에 새로운 질서를 부여하고 새로운 자기와 세계에 대한 체험을 이루게 하는 감정이다."

어떤 대상과 이별할 때 느끼는 경험의 감정은 모두가 비슷하다. 이별은 슬픔과 상실, 증오 그리고 두려움을 동반한다. 그렇다면 '좋은 이별'은 가능한 걸까? 이 형용모순(形容矛盾) 같은 낱말은 실재하지 않지만 오래전부터 존재하지 않았을까. 그래서 슬프고 아픈 사연과 서사(敍事)가 마음 깊은 곳에 박히지 않고 잘 애도할 수 있게 하는 것이 아닐까.

프로이트는 "이별의 대상은 부모, 형제, 연인뿐만 아니라 명예, 직위, 돈, 이데올로기까지 그 범주가 넓다"고 했다. 우리는 끊임없이 무언가를 떠나보내며 살아가고, 궁극에는 나 자신의 몸에서도 떠나야만 한다. 이별하는 순간에 후회를 남기지 않으려면 어떻게 해야 할까?

퇴직은 밥벌이를 잃고 회사와 이별하는 과정이다. 퇴직은 안전한 공간과 환경을 떠나 낯선 곳으로 이주(移住)하는 것과 같다. 영화 〈쇼생크 탈출〉에서 앤디(팀 로빈스)가 레드(모건 프리먼)에게 "부디 국경을 무사히 넘을 수 있기를 바란다(I hope I can make it across the border)"는 편지를 건넨 것처럼, 우리도 퇴직하는 순간에 '좋은 이별'을 할 수는 없을까? 밥벌이가 끊겼다는 상실감과 회사와 이별해야 한다는 걱정과 슬픔 등을 모두 떨쳐낼 만큼 '좋은 이별'을 할 수는 없을까?

하지만 퇴직할 때 '좋은 이별'을 하는 경우는 드물다. 보내는 자와 떠나는 자 사이에 오해라도 생기면 상실감뿐만 아니라 증오와 분노까지 생겨난다. 이런 애증의 감정에서 솔직히 자유로워져야 한다. 내 안에 애증의 감정들이 켜켜이 쌓이고 더 이상 흘러가지 못하면 자존감을 상실하고, 자기 비하와 같은 문제를 일으킨다. 분노와 슬픔 등이 켜켜이 쌓이고 감정의 물길이 막혀버리면 내 마음만 아플 뿐이다. 회사와의 이별에서 자신만의 애도의 과정을 거치면 내 안에 막혀 있던 물길이 다시 열릴 것이다.

출근길에 가을 나뭇잎이 말라가는 향기가 콧속으로 쓱 들어왔다. 습기 없는 바람에 서걱서걱 들려오는 나뭇잎 소리가 이별의 슬픔을 떨쳐내려고 애도하는 곡소리처럼 들렸다. 상실과 아픔에 대한 '애도'는 '좋은 이별'을 남길 것이다. 낙엽 지는 가을 나무, 나무는 자신의 몸을 감쌌던 나뭇잎들과 이별해야 하지만 겨울이 지나 새봄이 오면

새싹이 돋고 다시 나뭇잎이 자라날 것이다. 그러니 우리도 퇴직할 때 '좋은 이별'을 하도록 하자.

2.
은퇴 전 '팔자' 알면, 은퇴 후 '팔자' 고친다

'팔자(八字)'는 사람의 한평생 운수를 나타낸다. 출생한 연·월·일·시에 따라 팔자가 좋고 나쁨이 좌우된단다. 태어남은 스스로 선택할 수 없다. 그래서 '팔자'를 정해진 것이자 운명으로 받아들였다. 그렇다고 손 놓고 있을 수는 없지 않은가. 50대까지 '팔자'대로 살았다면 이제부터는 '팔자' 한번 고쳐보자.

하나, 입자. 옷 잘 입는 것도 경쟁력이다. 매력적인 50대가 되자. 굳이 비용을 들여서 컨설팅받을 필요까진 없다. 유튜브만 봐도 멋진 중년들이 옷 잘 입는 방법을 가르쳐준다. 누구나 'dress up' 중년이 될 수 있다. 시니어 모델은 어떤가? 개성 있는 옷차림도 중요하지만 '꾸안꾸('꾸민 듯 안 꾸민 듯'을 줄여 부르는 신조어로 '자연스러운 멋'을 뜻함)' 같은 자유로움도 좋다. '두 번째 청춘'을 위해 내 안에 잠든 나를 깨워보자.

　둘, 배우자. 필자의 아내는 20여 년 동안 주부로 살았다. 가족 뒷바라지를 하다 보니, 내 안에 내가 없음을 뒤늦게 깨달았다. 최근에 대학에서 '한국어강사 양성과정'을 수료하고, 뜻있는 지인들과 함께 한국어를 가르치는 '사회적 협동조합'을 만들었고, 정부지원도 받았다. 요즈음 인도, 베트남, 캄보디아에서 강의 요청이 쇄도한다. 그래서 아내는 신났다.

　셋, 만들자. 50대 남성들이 즐겨보는 프로그램은 '나는 자연인이다'다. 왜일까? 자본주의 사회에서는 남자를 '사회적 지위'와 '돈'이라는 경제적 잣대로 평가한다. 사회에서 존중 또는 인정받지 못한 남성들이 아무런 방해도 받지 않는 '자연'이라는 동굴로 숨어버리고 싶은 게 아닐까? 나만의 '슈필라움(타인에게 방해받지 않고, 휴식을 취하며 여유를 가질 수 있는 나만의 놀이 공간을 뜻하는 독일어)'을 만들자. 아무리 보잘것없고 작은 공간이라도 내가 정말 즐겁고 행복한 공간, 하루 종일 있어도 전혀 지겹지 않은 공간이면 된다. 두 번째 청춘은 혼자 있을 때 아름다워야 한다.

넷, 걷자. 생수 900원, 커피 4,100원, 점심 8,000원. 내 몸을 지켜주는 건강비용이다. 주말에는 걷자. 생수병을 들고 발길 닿는 대로 걸어보자. 걷다 힘들면 쉬다 걷자. 병의 90%는 걷기만 해도 예방할수 있다고 한다. 그런데 많은 이들이 바쁘다는 이유로 걷기에 소홀하다. 지구에 두 발을 딛고 살아가는 피조물이 이토록 걷지 않고 있으니 그저 놀라울 뿐이다. 반백 년을 살다 보니 이곳저곳 삐걱댄다. 기름 치고 고쳐 쓰자. 남은 반백 년 틈나는 대로 걷자. 밑져야 본전이다.

다섯, 말자. 속지도 말고, 간처럼 무디게 살지도 말자. '50대 후반의 기혼자, 자신의 판단과 금융지식이 평균 이상이라고 생각하는 낙관적 성격의 소유자, 최근에 건강 또는 금전적으로 어려움을 겪은 사람', 이 사람들의 공통점은 뭘까? 금융사기를 당하기 쉬운 사람들이다. 이는 미국투자자보호재단에서 정의한 내용이다. 우리나라도 별반 다르지 않다. 특히, '아는 사람인데 잘해 주겠지, 전문가니까 잘해주겠지'라는 생각을 버려라. 아는 사람이 더 무섭다. 특히 '은퇴하면 어떻게 되겠지, 설마 내가 큰 병에 걸리지는 않겠지' 하고 간처럼 무디게 살아서도 안 된다.

여섯, (잘) 쓰자. 혹시 '쓰죽회'라고 들어본 적 있는가? '생선회' 이름 같지만 전혀 아니다. 남은 인생 아끼지 말고 다 '쓰'고 '죽'자는 의미의 모임이다. 어쩌면 자식들이 들으면 서운해할 법도 하지만 은퇴 후 자식에게 의존하지 않고 그동안 모은 재산으로 당당하게 두 번째 청춘을 보내고 싶은 사람들의 모임이다. 돈 버는 데 익숙한 우리는 돈 쓰는 방법을 잘 모른다. 재산을 모으고 지켜야 한다는 부담에서 좀 벗어나자. 모은 재산을 내 삶의 질과 부피를 확장하는 데 쓰자. 자녀들이 가장 필요로 할 때만 도와주자. 다 쓰고 죽는 것이 아니라, 잘 쓰는 것이 가장 잘 사는 방법이다.

일곱, 타자. '연금 타자'. 우스갯소리일지 몰라도 요즈음 복지관에서 가장 인기 있는 남(여)자는 부동산부자가 아니라, 연금 타는 남(여)자다. 연금이 좋은 이유는 정해진 날짜에 연금이 꼬박꼬박 죽을 때까지 나온다는 점이다. "나는 연금 하나 없는데 어떡하나?" 고민이라면 국가가 주는 연금은 물론 매달 자식들에게 받는 용돈도 연금이다. 정해진 날에 빠지지 않고 들어오면 그만인 것이다. '가족연금', '용돈연금'이라 불러도 좋다. 기왕이면 많이 받으면 좋겠지만 자식들에게 부담되지 않을 정도로 받으면 될 것이다. "얘들아! 연금 보내려거든 빠지지 말고 보내다오. 나도 연금 타는 남(여)자가 되고 싶다."

여덟, 하자. '하면 된다'가 아니라 '되면 하자'. 지금껏 밥벌이를 하려고 필사적으로 살았다. 제발 열심히 하면 된다는 생각에 구속되지 말자. 이미 곤죽이 되도록 일했다. 이제 '되면 하자'고 말하자. 그래야 건강하게 오래 산다.

3.
'임금피크제'가 우리를
위협하더라도 기죽지 말자

————————————————

　박웅현은 『문장과 순간』에서 "세월에 저항하면 주름이 생기고, 세월을 받아들이면 경륜이 생긴다"라고 했는데, 이 문장이 새해에 따뜻한 위로가 되었다.

　인생을 하루 24시에 비유하면, 우리의 나이는 몇 시에 해당할까? 100세를 기준으로 4등분해 나이를 적어보고 그 옆에 시간을 적어보자. 100세가 24시라면, 25세는 아침 6시, 50세는 낮 12시쯤일 것이다. 그렇다면 75세는 몇 시쯤일까? 저녁 9시쯤일까? 그렇지 않다. 실제로 계산해 보면 오후 6시쯤이다.

　나는 55세, 이제 정오를 지나 한참 일할 시기인 셈이다. 이렇게 생각하니 아직 해야 할 일이 많고, 무언가를 배우기에 늦지 않은 것 같다. 하지만 55세라는 나이는 직장에서 위축되는 숫자다. 100세 시대라고 우겨도 아무 소용없다.

　55세가 넘으면 피요르드(Fjord)의 좁고 깊은 후미를 지날 때처럼 '임금피크제'가 눈앞에 들어온다. 정년은 보장하지만 임금은 삭감하는 제도, 정년연장과 임금삭감을 맞교환했다고 봐야겠다. 그런데 용어 자체에 오해 소지가 있어 보인다. 임금이 'peak', 즉 정점에 달했다는 뜻인데 과연 그런가? 실제로 그렇게 하지는 않을 수 있다. 'peak'가 아닌 'off-peak'에서 임금을 순차적으로 삭감하는 경우도 있다. 나는 임금피크제를 폄하하려는 의도는 없지만 이 용어는 함의와 취지가 맞지 않은 것이 사실이다. 그런데도 나는 여전히 밥벌이를 하고 있으니, 내가 너무 비굴한 것일까?

　회사에는 젊은 직원들이 많이 있다. 대부분 20대와 30대로 경력직 IT개발자, 디자이너 등이다. 이들은 나이만 젊은 것이 아니라 일하는 방식도 유연하다. 가끔 나도 모르게 '젊은 직원'이라는 말이 종종 나온다. '그럼 나는 늙은 직원인가?' 싶어서 웃음과 슬픔이 잠시 공존하다 사라진다. 어느 때는 '그 직원들은 나를 화석 같은 인물로 여기고 어려워하지 않을까?' 생각하기도 한다. 물론 그렇게 생각하지 않기를 바라고 또 바란다. 아! 가는 세월을 막을 수는 없는 법! 흰머리도 한 몫하는 것 같다. 그렇다고 젊어 보이려고 일부러 염색을 하지는 않는다.

임금피크제의 대상자가 되어버린 우리 50대는 젊은 후배들 눈치가 보이니, 한 살이라도 더 젊어 보이는 게 좋을지도 모른다. 하지만 나는 요행을 택하기보다는 어렵지만 나만의 길을 가기로 했다. 잠깐의 젊음을 빌려오기 위해 염색이라는 탄탄대로 신작로를 달리기보다는 좁디좁은 비포장도로를 택했다. 그리고 그 길 위에서 흰머리처럼 희디흰 첫눈이 내리는 걸 설레는 마음으로 바라보고 싶다.

박웅현은 한때 "나이는 숫자에 불과하다"고 했지만 지금은 "나이는 속일 수 없다"고 했다. 인생의 어느 시점에는 젊은 패기가 필요하고, 나이 들면 내려놓을 줄도 알고 받아들일 줄도 알아야 하지 않을까? 그렇다고 포기하거나 체념하라는 건 아니다. 젊은 시절의 패기와는 결이 다르지만 우리가 걸어온 길에는 나이테처럼 연륜이 쌓여 있으니까.

나무의 나이테는 새로 생긴 것이 가장 외곽에 자리 잡는다. 가장 처음 생긴 나이테, 그러니까 오래되고 늙은 나이테는 중심 쪽에 자리를 잡고, 젊은 나이테는 외곽 쪽에 자리를 잡는다. 중심에 있는 낡고 말라버린 늙은 것은 처음이나 지금이나 그 모양이 변하지 않아서 아무것도 하지 않고 수십 년 수백 년 허송세월을 보내고 있는 것 같지만, 나무의 중심에서 단단하게 나무를 지탱하는 역할을 맡는다.

어떤가? 늙은 나이테의 모습이 우리 50대와 사뭇 닮지 않았는가? 우리에게도 한때 젊은 나이테 같은 시절이 있었고 이제는 나이 들어가는 나이테가 되어버렸지만 그렇다고 기죽을 필요는 없다. 어느 조직이든 경험이 많은 사람도 필요한 법! 젊은 나이테는 시간이 지나면서 점점 안쪽으로 밀려나고 나무의 외곽에는 새로 생겨난 나이테가 자리를 차지한다. 나무 나이테에 그렇게 늙음과 젊음이 공존하고 있듯이 우리 50대는 일터에서 중심적인 위치에 있으니 기죽지 말자.

'굽은 나무가 선산을 지킨다'는 말이 있다. 쓸모없어 보이는 것이 도리어 제구실을 하게 됨을 비유적으로 이르는 말이다. 동물들의 세계에서 무리를 지키는 것은 '가모장(家母長)'인 경우가 많다. 코끼리는 '가모(家母)'의 경험과 지혜가 없으면 먼 거리를 이동하여 물과 먹이를 찾지 못한다. 고래도 늙은 가모장이 무리를 이끈다. 젊은 고래들에게 구박을 받으면서도 위험이 닥치면 맨 앞에 나서서 무리를 지킨다. 우리 50대는 가모장처럼 무리를 이끄는 리더이니 당당해지자.

　지난달, 함께 근무했던 선배가 "임금피크제를 앞두고 퇴직을 결정했다"고 했다. 그와 점심식사를 했다. 설렁탕을 먹었다. 뽀얀 국물과 선배의 얼굴이 오버랩되었다. 그의 얼굴에는 아쉬움이 엿보였지만 미련은 읽을 수 없었다.

　갑각류는 성장하기 위해 껍질을 벗는다. 그러니까 갑각류는 껍질의 탈피를 통해 성장하는 것이다. 이때 갑각류는 아주 약해지는 상태가 된다. 천적에게 공격을 당하기도 하고 상처도 난다. 갑각류는 성장할 때 가장 약한 상태가 된다.

　퇴직을 앞둔 선배의 처지가 갑각류와 같지 않을까 싶었다. 회사라는 단단한 껍질을 벗어던지면 약해져 버리니 이제부터 위험한 순간을 맞이할지도 모른다. 하지만 위험한 순간들을 견뎌내고 극복하면 더 크고 단단하게 성장할 것이다.

4.
밥벌이에 길들여진 삶도
그리 나쁘지 않습니다

"내가 내년이면 오십이다. 오십……. 놀랍지 않냐? 인간이 반세기 동안 아무것도 안 했다는 게. 아무것도 안 했어. 기억에 남는 게 없어. 학교 땐 죽어라 공부해도 밤에 자려고 누우면 삼시세끼 챙겨 먹은 기억밖에 없더니, 이게 딱 그 꼬라지야. 죽어라 뭘 하긴 한 것 같은데, 기억에 남는 게 없어……. 아무리 뒤져봐도 없어……."

드라마 '나의 아저씨'에 나오는 이 대사, 특히 "죽어라 뭘 하긴 한 것 같은데, 기억에 남는 게 없어……"가 내 가슴속에 비수처럼 날아왔다. 지난했던 밥벌이 삶을 잠시 돌아보기로 했다.

새벽녘 책상에 앉는다. 아직 빛이 어둠을 밀어내기 전이지만 한 글자 한 글자, 단어와 문장을 엮어가는 손놀림에 어느새 어둠은 서서히

걷히고 있다. 그사이 검고 짙은 향기가 온 방에 퍼지기 시작한다. 커피 원두를 분쇄하는 소리가 어린아이처럼 칭얼거린다. 아침을 여는 소리이다. 프랑스 외교관 탈레랑은 "커피의 본능은 유혹이고, 향기는 와인처럼 달콤하고 그 맛은 키스보다 황홀하다"고 했다. 반복적인 일상이지만 나는 날마다 이렇게 행복한 아침을 맞는다.

IMF 직전 회사에 입사한 나는 운이 좋았다. IMF 이후 많은 기업들이 공개채용을 줄였으니, 기가 막힌 타이밍에 입사한 셈이다. 하지만 회사 분위기는 살벌했다. 구조조정을 시작했고 자연스레 회사를 떠나는 동료직원들도 생겼다. 회사에 남은 자는 떠난 자를 위해 고통분담 요구를 받았고, 급여삭감은 물론 보너스와 상여금까지 반납했다. 그래도 남은 자는 운이 좋은 편이다. 떠나는 자의 뒷모습에는 희망이라곤 도무지 보이지는 않았기 때문이다.

나는 올해 월급쟁이 30년 차다. 밥벌이에 목매고 솔직히 지금까지 버텨왔다. 아니, '버텨왔다'보다는 '길들여졌다'는 표현이 더 정확하지 않을까 싶다.

현재 회사에는 50세 이상 직원(이하 시니어)들이 제법 근무하고 있다. 회사로서는 여간 골치 아픈 문제가 아닐 것이다. 그런데 말이다.

이들의 자발적 퇴직이 줄어들고 있다. 회사는 이들을 회사 밖으로 밀어내려 하지만 시니어들은 좀 더 버티려 애쓴다. 그래서 회사와 시니어들 사이에 팽팽한 긴장이 흐르고, 임금피크제가 다가올수록 자랑스러웠던 회사는 사랑스럽지 못한 회사로 변한다. 이런 긴장 속에서 시니어들이 버텨내는 원동력은 아이러니하지만 회사에 길들여진 것이다.

지난달, 10여 년 전에 퇴직한 선배와 해장국집에서 점심식사를 함께했다. 아직 회사에 남아 있는 동료들이 선배를 찾아오면서 "회사가 너무하다"며 불만을 토로하고, 금방이라도 사표를 낼 것처럼 말하지만 실제로 그러지는 못한다며 너스레를 떨었다. 용기 있게 사표를 던지고 떠나는 자는 멋진 사람일까? 남아 있는 자는 비겁하고 부끄러운 사람일까?

진화인류학자 브라이언 헤어는 『다정한 것이 살아남는다』에서 '자기가축화'라는 생물학적 용어를 사용했다. 자기가축화란, 특정 종이 스스로 길들여지는 현상으로 자기가축화되면서 공격성이 줄어들고 인내심이 증가하는 현상을 말한다. 브라이언 헤어는 "늑대와 개는 조상이 같은 종이지만 개는 스스로 가축화의 길을 선택해 번영을 맞앉고, 늑대는 가축화를 거부해 멸종의 위기를 맞았다"고 했다. 특히, "호모사피엔스가 호모에렉투스, 네안데르탈인보다 열등했음에도 불구하고 승자가 된 것은 자기가축화에 성공했기 때문"이라고 주장했다. '길들여지는 것'이 승자의 원동력이라니 흥미로운 주장이다. 시니어들이 여전히 회사에 버티고 남아 있는 이유를 생물학적 관점으로 보면 '가축화'와 '길들여짐'의 산물일지 모른다. 그렇게 보니 밥벌이에 길들여진 것도 그리 나쁘지는 않은 것 같다.

5.
두꺼워지는 삶보다 단단해지는 삶이 낫다

오래전, 이런 글귀를 본 적 있다.

'동네 입구에 금은방이 하나 있다. 어느 시간에 지나가더라도 주인 아저씨는 손님과 바둑을 두고 계셨다. 혼자 있을 때는 바둑 TV를 보거나 바둑 책을 보고 있었다. 문득 이런 의문이 생겼다. 아저씨는 저렇게 열심히 하는데, 왜 프로 기사가 못 되었을까?'

내 기억이 정확하다면, 소위 '재무설계'라는 공부를 시작하던 시절에 접한 꿈과 목표에 대한 한 토막 글이었을 것이다. 요즈음은 꿈이 사라진 시대라고 한다. 그도 그럴 것이 과거에는 결혼을 하고 아이를 낳고, 집을 넓혀가는 것이 소소한 꿈이었고, 목표였던 시절이 있었다. 물론 지금도 그런 목표와 꿈을 가지고 삶을 살아가는 직장인들이 적지 않지만, 요즈음 젊은 직원들에게는 그것이 결코 쉽지 않아서 말 그대로 '꿈'인 경우가 많다.

지난달, 지방에 있는 국립대학교에서 지인 교수님의 요청으로 '재무설계' 강의를 했다. 학생들에게 '재무설계'가 무엇인지 질문해 보았다. "돈에 대한 계획", "부자가 되는 방법", "수입/지출관리방법" 등 여러 대답이 쏟아졌다. 내가 생각하는 '재무설계'는 '꿈이 사라진 시대에 꿈을 만들어 주는 일'이다. 단순히 돈에 대한 계획이 아니라 삶에 대한 계획을 세우는 것이 재무설계다.

　'꿈' 이야기를 하다 보니 문득 이분들이 생각난다.

　20세기 최고의 화가였고 현대미술의 거장이었던 피카소, 그는 늘 자신의 꿈을 이야기했던 사람으로 유명하다. "나는 살아 있는 동안 멋있는 그림을 그려 당대 최고의 화가, 최고의 부자가 될 거야"라고 말한 그는 많은 사람에게 자신의 꿈을 얘기했고, 실제로 최고의 화가와 부자로 살았다.

　콘래드 힐튼을 아시는가? 해외 또는 국내에 있는 힐튼 호텔에서 숙박을 한 기억들이 있을 것이다. 그는 벨보이 출신이었지만, 매일 가장 큰 호텔 그림을 자기 책상 앞에 붙이고 호텔 안을 어떻게 꾸밀지 매일매일 설계도에 그려 넣었다. 꿈을 구체적으로 그렸던 힐튼은 15년 만에 최고급 호텔의 사장이 되었고, 사망 당시(1979년) 미국에

185개, 해외에 75개의 호텔을 세운 호텔의 왕이 되었다.

영화감독 스티븐 스필버그는 10대 시절 유니버셜 스튜디오에서 아무도 모르게 자신이 감독인 것처럼 수년 동안 생활했다. 그리고 그는 '나는 미래에 잘나가는 영화감독이 되고, 내 영화가 전 세계에 상영될 거야'라며 다짐했고, 영화감독의 꿈을 이루기 위해 직접 온몸으로 체험하면서 세계 최고 감독이 되었다.

그런데 꿈이 꼭 이루어지는 것은 아니다. "꿈이 존재하는 것은 '현실(reality)'이라는 장애물이 있기 때문"이라는 말이 있는 것처럼, 꿈을 이루기 위해서는 현실을 받아들이고 내가 바라는 '이상'과 '꿈'의 차이를 줄여나가는 과정이 필요하다.

'문어의 꿈'이라는 노래가 있다. 동요 같은 이 노래의 가사를 읽고, 꿈의 대한 정의를 다시 생각하게 되었다. 이 노래 가사는 문어가 현실이 너무 어두워서 꿈과 상상의 세계에 빠진다는 내용을 담고 있다.

"깊은 바닷속은 너무 외로워. 춥고 어둡고 차갑고 때로는 무섭기도 해. 그래서 나는 매일 꿈을 꿔. 단풍놀이 구경 가면 나는 노란색 문어, 커피 한 잔 마셔주면 나는 진갈색 문어, 밤하늘을 날아가면 나는 오색찬란한 문어가 되는 거야."

깊은 바닷속은 우리가 처한 현실이다. 외롭고, 차갑고 무서운 곳이다. 그래서 문어는 꿈을 꾼다. 그 꿈 때문에 삶의 이유를 찾고 있다. 그런데 그 꿈이 참 재미있다. 단풍놀이도 가고, 커피 한 잔도 마시고, 높은 산에도 올라가고 싶어 한다. 꿈에서는 무엇이든 이룰 수가 있으니까, 문어는 날마다 꿈을 꾼다. 나도 문어처럼 소소하지만 내 삶을 단단하게 만드는 꿈을 키우고 싶다.

박웅현은 『문장과 순간』에서 "매일의 삶이 성사(聖事)되어야 한다"고 했다. 내게 주어진 하루를 성스럽게 만드는 인생을 살라는 말이다. 꿈이라는 놈도 하루의 꿈이 모여야 일주일, 한 달, 일 년의 꿈이 되고 일생의 꿈이 될 것이다. 날마다 꿈을 꾸다 보면, 내 꿈을 가로막고 있던 현실의 장애물을 이겨낼 수 있지 않을까?

나는, 날마다 꿈을 꾼다. 차갑고, 냉정하고 때로는 외로운 현실에서 강단에 서면 선생님이 되고, 의자에 앉으면 학생도 된다. 책방에 가면 어느새 문학청년이 된다. 오늘 하루 수고한 나를 위해 바닐라 향이 그윽한 'Maker's Mark' 버번위스키 한잔을 마시면 멋쟁이 아저씨도 된다. 어제보다 더 나은 오늘로 진보(Progress)하는 일상을 만들겠다는 꿈, 그런 꿈을 매일 키운다.

　대나무 중에 최고로 치는 것은 '모죽(毛竹)'이다. 모죽은 씨를 뿌린 후 5년 동안 아무리 물을 주고 가꾸어도 싹이 나지 않는다. 하지만 5년이 지난 어느 날 손가락만 한 죽순이 돋아나면 갑자기 하루에 80㎝씩 쑥쑥 자라기 시작해 30m까지 순식간에 자란다. 아마도 모죽은 죽순이 돋아나는 순간까지 차갑고 어두운 곳에서 날마다 하루의 꿈을 키웠을 것이다.

　모죽은 여느 나무들처럼 나이테가 없다. 과거를 기록하지 않고 아무런 흔적을 남기지 않는데, 두꺼워지는 삶보다 단단해지는 삶을 선택했기 때문일 것이다.

6.
은퇴 이후의 삶과 '안나 카레니나 법칙'

톨스토이는 러시아에서 가장 위대한 소설가이자 예술가로 평가받는데, 『안나 카레니나』는 그가 남긴 최고의 리얼리즘 소설이다.

이 소설의 주인공 '안나 카레니나'는 냉정한 성격의 고위 공무원인 남편 카레닌과 아들 세로지와 상트페테르부르크의 대저택에서 호화스럽게 살아가는 귀족이다. 그녀는 오빠와 올케를 만나러 모스크바로 가는 기차역에서 젊은 장교 브론스키 백작과 운명적으로 만나게 된다. 안나와 브론스키는 모스크바의 상류층 무도회에서 다시 만나 함께 춤을 추면서, 서로에게 뜨거운 감정을 느낀다. 브론스키는 오직 안나와의 사랑을 위해 자기의 모든 것을 내던진다.

안나는 브론스키와 동거하면서 행복을 느끼지만 그녀는 이혼하면 아들을 잃을 수 있을까 봐 이혼도 하지 못한 채 브론스키와의 관계에서 딸을 낳는다. 두 사람의 관계가 러시아 사교계에 공공연히 알려지면서 브론스키의 명예는 무너지고, 모성애와 사랑 사이에서 번민하던 안나는 주위의 따가운 시선과 변해 가는 브론스키의 사랑에 절망하다가 달리는 기차에 몸을 던진다.

『안나 카레니나』의 첫 문장은 다음과 같다.

"행복한 가정은 모두 그만그만하지만 불행한 가정은 저마다 나름나름으로 불행하다."

『총균쇠』의 저자 재레드 다이아몬드는 안나 카레니나의 삶에서 '안나 카레니나 법칙'을 발견했는데, 이 법칙은 결혼생활 말고도 많은 부분에 적용할 수 있다.

결혼생활이 행복해지려면 어느 한 가지뿐만 아니라 많은 면에서 만족스러워야 할 것이다. 가령, 남녀가 서로에게 성적으로 매력을 느껴야 할 뿐만 아니라 돈과 명예, 자녀교육, 종교 등 중요한 조건들이 서로 일치해야 할 것이다. 이런 요건들이 하나라도 어긋나면, 결혼생활에서 다른 조건들이 충족되더라도 그 결혼은 불행한 결말을 맞이할 수 있다.

'안나 카레니나 법칙'은 인류 역사에 중대한 영향을 준 동물이 '가축화'된 이유에 대해서도 잘 설명해 주고 있다. 재레드 다이아몬드는 다음과 같이 말했다.

"가축화할 수 있는 동물은 모두모두 비슷하지만, 가축화할 수 없는 동물은 제각각 그 이유가 다르다."

마지막 빙하기가 끝나고 인류가 농경과 목축 생활을 시작하면서 야생동물의 가축화가 시작되었다. 가축화된 동물은 인간에게 고기와 가죽을 제공하고 교통수단, 군사적인 이동수단과 농기구를 끄는 데 사용되었다. 야생동물이 가축동물이 되기 위해서는 많은 조건을 갖추어야 하는데, 식습관, 생장률, 짝짓기습관, 성격과 성향, 위계질서 등이 필요충분조건이다. 그중 하나라도 부족하면 야생동물은 가축화되기가 어렵다.

예를 들어, 아프리카의 '얼룩말'은 왜 유라시아의 다른 '말'처럼 가축화되지 못했을까? 얼룩말은 걸핏하면 사람을 물고 놓아주지 않는 고약한 습성이 있고, 올가미 밧줄로 포획하는 것도 불가능할 정도로 성격이 포악해서 인류가 농경과 목축생활을 한 이래로 지금까지 가축화되지 못했다.

이처럼 가축화되지 못한 동물들은 '안나 카레니나 법칙'에 의해 배제되었고, 우리가 알 만한 야생동물의 일부만이 인간과 더불어 살면서 가축화되었다. 가축이 된 동물보다 가축이 되지 못한 동물이 훨씬 더 많았는데, 그 이유는 야생동물이 가축화되기 위한 많은 조건과 특징 중 하나라도 부족하면 가축화가 어려웠기 때문이다.

이것은 결혼이 행복하다고 느끼는 사람보다 불만족스럽다고 느끼는 사람이 더 많고, 행복한 결혼생활을 위해 여러 요건 중 하나라도 부족하면 불행한 결말을 맺게 되는 것과 같은 이치다.

'안나 카레니나 법칙'을 은퇴 이후의 삶에 적용한다면 우리는 어떤 태도를 지녀야 할까? 성공적인 삶과 행복한 노후를 위해서는 많은 면에서 충분한 조건이 필요할 것이다. 혹자는 건강, 돈, 가족, 일, 여가, 사회적 관계 등이 그것이라고 할 것이다. 어느 것 하나 중요하지 않은 것이 없다.

'안나 카레니나 법칙'에 의하면 이런 요건들이 하나라도 부족하면 다른 조건이 충족되었더라도 불안한 삶을 맞이할 수밖에 없다. 우리 앞에는 행복한 노후를 위한 성공적인 조건보다 불안한 환경이 더 많이 기다리고 있다. 다 큰 자식과 늙은 부모를 부양해야 하고, 아직은 준비되지 않은 퇴직을 경험해야 하며, 회사에 남은 사람은 삭감된 급여를 받으며 남은 직장생활을 이어가야 한다.

『총균쇠』에서는 다른 대륙(아프리카 등)보다 유라시아 지역에서 야생동물이 더 많이 가축화가 된 이유를 설명했는데, "우연히 다른 대륙보다 가축화할 수 있는 초식 포유동물이 더 많았기 때문"이다. 이것은 인류 문명사의 진보가 환경적 요인에 의해 영향을 받는다는 사실을 뒷받침해 준다.

우리는 성공적인 삶과 행복한 노후를 얘기할 때 단 하나의 조건이나 환경만으로 설명하려는 경향이 있다. 하지만 성공적인 삶을 위해서는 리스크, 실패요인부터 먼저 피해야 한다.

우연히 다른 대륙보다 유라시아가 야생동물의 가축화에 더 유리한 환경적 요인을 갖출 수 있었던 것처럼, 수많은 실패요인을 피해야만 성공할 수 있는 것처럼, 행복을 위한 조건을 충족시키는 것보다 불행에 이르게 하는 원인을 피해야 행복이 좀 더 가까워지는 것처럼, 은퇴 후에 성공적 삶을 위해서는 불안한 환경과 실패요인을 피해야 할 것이다. 그래야 더 유리한 환경적 요인을 갖추고 은퇴 이후의 삶을 행복하게 살 수 있을 테니까.

7.
생애 첫 '연금'이 도착했습니다

내 나이 55세, '55'라는 숫자가 의미 있게 다가왔다. 인생의 분기점마다 놓인 숫자들이 마치 오래된 고목 아래 놓인 벤치처럼 느껴질 때가 있다. 평소에는 무심히 지나치다가도, 그 앞에 다다르면 우리는 나도 모르게 걸음을 멈추고, 잠시 숨을 고르게 된다. 뒤를 돌아보기도 하고, 걸어온 길을 헤아려보기도 한다. 숫자는 삶의 방향을 가리키고, 벤치는 숨을 돌리게 한다. 오늘이 바로 그런 날이다.

오늘, 내 계좌에 생애 첫 연금이 입금되었다. 그리 큰 금액은 아니지만 그 돈이 주는 감정은 뜻밖에도 깊고 묵직했다. 마치 모차르트의 실내악처럼 조용하면서도 완전한 울림이 있었고, 화려하고 강렬한 소리는 아니지만 마음 깊은 곳을 살며시 두드렸다. 연금이라는 이름으로 들어온 이 소소한 수입은, 단순한 숫자 이상으로 다가왔다. 그것은 내 삶의 긴 여정 속에서 어느 지점에 무사히 도착했음을 알리는 신호였고, "당신은 잘 살아오셨습니다"라고 말해 주는 작은 확인 도장이기도 했다.

무심코 사무실 창밖을 바라보았다. 살아오며 수많은 입금 알림을 받았지만, 오늘만큼 특별하게 느껴졌던 적은 없었던 것 같다. 왜일까? 아마도 오늘의 입금은 어떤 거래의 대가가 아니기 때문일 것이다.

그것은 오로지 나 자신을 위해 오랜 시간 동안 준비하고, 견디며, 쌓아온 노력의 결과였다. 이제까지 "참 잘했어요"라고 확인해 주는 증표, 이제부터는 "두 번째 청춘으로 살라"는 응원을 건네는 의미 있는 선물이었다.

헤르만 헤세의 『나르치스와 골트문트』는 '나르치스'와 '골트문트'라는 두 친구의 일생을 이야기하는 소설이다. 이 소설에서 나르치스는 내면의 정신과 종교성을, 골트문트는 외형적인 예술가적 기질을 대변한다. 이 두 주인공들은 서로 성격이 다르지만 각자의 고유한 방식을 통해 완전성을 추구한다. 나르치스는 경건한 자세로 정신적, 종교적인 방식을 통해 완전한 삶과 인식에 도달하고자 한다면, 예술가인 골트문트는 예술을 통해 자유로운 삶에 다다르고자 한다.

이 소설에는 "삶은 방랑이 아니라, 깊은 고향을 찾아가는 여정이다"라는 문장이 나오는데, 그 문장이 오늘따라 유독 마음 깊이 스며들었다. 나는 그동안 어쩌면 외부의 인정과 타인의 기대라는 지도를 들고 길을 찾고 있었는지도 모른다.

하지만 오늘 도착한 이 조용한 수입은, 내가 오랜 시간 묵묵히 쌓아온 벽돌들이 어느덧 하나의 벽면을 완성했음을 알리는 신호 같았다. 누구도 대신 만들어줄 수 없는, 오직 나만이 지을 수 있는 내면의 집, 그 집은 세상 어디에도 없는, 나만의 고향이다. 나는 아직 그 집을 짓는 것을 완성해내지는 못했다. 인생 후반전에는 그 집의 건축을 완공할 것이다. 나의 집 짓기는 아직 현재진행형이므로, 나는 두 번째 청춘으로 살기로 했다.

청년 시절(나는 여전히 청년이지만), '속해 있음'에서 안도감을 찾았다. 매달 일정하게 들어오는 월급은 내게 보호막이었고, 때로는 보이지 않는 감옥이었다. 그것은 안정이라는 이름의 포로생활을 하도록 했다. 물론 그런 생활이 싫지는 않았다. 정해진 질서에 따르는 것이 점점 익숙해지고, 그 익숙함은 편안함을 제공했지만, 자유롭지는 않았다. 누군가 짜놓은 틀 안에서 안정적으로 살아가는 대신, 나 자신을 잃어버리기 쉬웠다.

〈쇼생크 탈출〉에서 노인 '브룩스'는 감옥에서 주어진 '가짜 자유'를 '진짜 자유'로 여기며 살았다. 감옥에는 진짜 자유가 없는데, 감옥에 익숙해진 그는 그것이 자유라고 착각했기 때문이다. 그는 감옥 밖의 세상으로 나가게 되지만 이미 익숙해진 감옥이 오히려 자유롭고 안전하다고 생각한다.

오늘 내 손에 들어온 이 연금은 진짜 자유를 느끼게 했다. 그것은 어디에도 속하지 않은 자유이며, 어떤 통제로부터 완전히 벗어난 순도 100%의 나 자신이 만들어낸 결과다. 이 연금의 액수를 바라보며 나는 문득 문장 하나를 떠올렸다.

"나는 나를 준비해 왔다."

이 짧은 문장은, 그토록 오랜 시간 동안 마음속 깊은 곳에서 갈망해 온 것이었다. 그동안 나는 외부의 평가에 맞춰 살아가느라, 나는 나를 완벽하게 준비해 오지 못했을 수도 있다. 하지만 이제는 내가 나를 믿고, 나를 지탱할 수 있을 거라는 조용한 확신이 생겼다. 그것은 통장에 박힌 숫자가 아니라, 그 숫자에 담긴 시간의 무게 덕분이었다. 나는 이제까지 그 무게를 견디며 살아왔기에, 이제부터는 첫 번째 청춘일 때보다 더 자신 있고 당당하게 두 번째 청춘으로 살 수 있을 것이다.

헤밍웨이의 『노인과 바다』에서 산티아고는 "인간은 파멸당할 수는 있어도, 패배하지는 않는다"라고 말한다. 바다의 심연을 마주한 산티아고처럼, 우리는 각자의 고요한 싸움을 안고 살아간다. '패배'란 타인의 기준에 의해 정해지는 것이 아니라, 스스로 포기할 때 찾아온다. 결국 패배하지 않기 위해서는, 자신을 믿어야 할 것이다. 자신을 위해 묵묵히 미래를 준비해 나가는 사람은 결코 패배하지 않을 것이다. 나에게 연금은 단지 노후를 위한 보험이 아니다. 그것은 이제까지 내가 걸어온 시간들의 결정체이며, "앞으로의 삶에서도 두려움보다는 용기를 가지라"는 메시지를 건네는 응원가이다.

이제부터의 삶은 덜 요란하고, 더 깊어지고, 조금은 느려질 것이다. 하지만 내가 걸어가야 할 그 시간들 속에는 진짜 '나'의 시간이 담길 것이다. 내가 만든 시간, 내가 쌓아온 기반, 내가 선택한 자유, 그 모든 것을 상징하는 오늘 도착한 이 연금이 나에게 속삭인다.

'당신은 당신의 시간을 존중해 왔고, 이제 그 시간이 당신을 존중하

기 시작했습니다.'

　그래서 오늘 나는 한 잔의 차를 마시며, 이제부터 주어진 시간 동안

두 번째 청춘으로 살기로 했다.

8.
트루먼처럼 '문'을 열고, 조르바처럼 '자유롭게'

"나는 아무것도 바라지 않는다. 나는 아무것도 두려워하지 않는다. 나는, 자유다."

니코스 카잔차키스의 『그리스인 조르바』에서 이 문장을 처음 만났을 때는, 그저 멋진 문장이라고만 생각했다. 그런데 '임금피크제'를 앞두고 있는 지금, 이 문장을 떠올리니 마치 하나의 특별한 선언처럼 들렸다.

임금피크제를 앞두고 있으면, 한 시기의 끝과 또 다른 시기의 시작이 교차하는 지점에 서 있는 셈이다. 긴 시간, 한 길을 묵묵히 걸어온 우리에게 이 사회는 "이제는 정점에서 내려오세요"라고 말하는 것 같다. 우리의 능력이 부족해져서 그러는 것은 결코 아니다. 우리의 열정이 식어서 그러는 것도 아니다. 단지 사회 제도가 그렇고, 시간이 그렇게 많이 흘렀기 때문이다. 그럼에도 불구하고 우리가 결코 저버려서는 안 될 것이 있다. 바로, 자긍심과 앞으로의 삶에 대한 태도다.

　'임금피크제'란 일정 나이(보통 55세 전후)에 도달하면 임금 인상을 멈추거나 단계적으로 삭감하는 대신, 정년까지 고용을 유지하는 제도다. '일자리를 나누기 위한 타협'이라고 하지만, 솔직히 우리 세대에게는 그리 달갑게 다가오지 않는다. 내 경력이 깊어지는 만큼 회사도 성장했는데 보상을 줄이니, 내 존재감이 '예전만 못하다'는 박탈감에 사로잡힌다. 사무실에서 '경험 많은 선배'가 아니라 '월급도둑 직원' 취급을 당하면, 임금피크제 대상자는 자신이 자꾸만 작아지는 것만 같다.

　하지만 이 제도는 결코 직장생활의 끝을 의미하는 것은 아니다. 지금까지 사회가 정해 놓은 속도에 맞춰 달려왔던 우리가 비로소 '잠시 멈춤'을 통해 삶을 다시 바라볼 수 있는, 전환점이 될 수도 있다. 임금피크제는 나의 가치를 깎아내리는 제도가 아니라 새로운 삶의 페이지를 여는 하나의 문일 수도 있다. 솔직히 이런 말을 하면 동료 선배들에게 욕먹을지도 모른다.

『그리스인 조르바』에서 '조르바'는 모든 것을 내려놓고도 삶을 사랑했다. 가난하면서도 자유롭고, 실패하면서 유쾌하게 살았다. 그는 이렇게 말한다.

"삶이란 아무것도 아니지만 그래도 살아볼 만한 거야."

임금피크제를 앞둔 우리는 이제부터, 누구의 지시에 연연하지 말고 자신을 위한 삶을 살아야 하고, 그렇게 해야만 한다. 더는 승진 때문에 눈치 보지 않아도 되고, 경쟁에 치여 '나'를 잃어버리며 살지 않아도 된다. 이제야 비로소 내 자신을 위한 길을 선택할 수 있고, 그 길로 나아갈 수 있는 시간이 찾아온 것이다. 내가 진짜 원했던 일은 무엇이었는지, 놓쳐버린 것들은 무엇이었는지, 마음속에 간직했던 꿈은 사라지지 않았는지(솔직히 나 역시 내가 원했던 일과 꿈이 무엇인지 가끔 헷갈리기는 하지만) 등을 헤아려볼 기회가 생긴 셈이다.

지금 우리가 겪는 변화는 '퇴보'가 아니라, 또 다른 세계로 향하는 문을 여는 '진보'일 것이다. 〈트루먼 쇼〉에서 주인공 트루먼은 자신의 상황을 깨닫기 전에는 매일매일 진정한 삶을 살고 있다고 생각했다. 그는 자신이 자유롭게 산다고 느꼈는데, 그가 느끼는 것은 사실 진짜 자유가 아니라 길들여진 자유였다. 트루먼이 세상의 끝에 도달하여 가장 먼저 한 일은 천장에 숨겨진 문을 찾아 여는 것이었다. 그가 이 문을 여는 순간이 바로 진정한 '트루먼'이 되는 순간이다.

임금피크제를 맞은 우리 앞에는 새로운 문이 있을 것이다. 진짜 '트루먼', 진짜 '내'가 되는 순간을 맞은 셈이다. 일에 몰두하느라, 업무와 실적 때문에 등한시했던 나 자신을 위해 살아가는 시간이 찾아온 것이다.

생텍쥐페리의 『어린 왕자』에서 여우가 말한다.

"가장 중요한 것은 눈에 보이지 않아."

지금 이 순간, 어쩌면 그동안 보이지 않던 나의 감정, 가치, 관계, 꿈 등이 이제야 조금씩 보이기 시작할 수 있다. 더는 '성과'로 나를 증명하지 않아도 되고, 내가 나일 수 있는 시간을 보낼 수 있는 순간, 우리는 지금 그 순간을 맞게 되었다.

"새는 알을 깨고 나온다. 알은 세계다. 태어나려는 자는 하나의 세계를 깨뜨려야 한다."

헤르만 헤세의 『데미안』에 나오는 문장이다. 임금피크제는 어떤 의

미에선 하나의 '알'을 깨고 나오는 것과 같다. 지금껏 익숙했던 세계가 저물고, 새로운 삶의 형식이 열리는 시점, 우리는 새로운 세계가 열리는 문을 열고, 나만의 세계를 다시 써 내려가야 할 순간을 맞이한 것이다. 물론, 앞으로의 삶이 그리 쉽지만은 않을 것이다. 돌이켜 보면 지금껏 어느 것 하나 쉬운 일이 없었으니까…….

이제는 수입이 갈수록 줄고, 역할이 달라지고, '현장'에서 한 발 물러서야 하지만 이런 상황을 '위기'가 아닌 '자유'로 받아들일 수 있다면, 우리는 더 당당하고 자유롭게 새로운 삶을 마주할 수 있을 것이다. 지금은 '멈춤'이 아니라 '새로운 시작'을 해야 하니까.

그 시작을 '축소'나 '후퇴'로 여기기보다, 오히려 가장 응축되고 정제된 도약이라고 불러야 마땅할 것이다. 우리는 이미 충분히 잘 살아왔고, 앞으로도 누구보다 강해지고 더 단단해질 것이다. 새로운 삶을 여는 도약판 위에 서 있는 우리는 이제, 이렇게 외치자.

"나는 아무것도 바라지 않는다. 나는 아무것도 두려워하지 않는다. 나는, 자유다."

9.
'두 번째 청춘'을 위해
'읽자', '쓰자', '놀자', '살자'

요즈음 거울을 자주 보게 된다. 혹시 "남자가 무슨 거울이냐"고 욕할지도 모르겠다. 지구에 두 발을 딛고 살아가는 연약한 피조물이 중력으로부터 자유로울 수 없다는 현실을 깨닫고 있는 중이다. '오십'이 넘은 지 몇 해가 되었다. 반백 년, 놀랍지 않은가? 지나온 삶을 반추해 보면 아무것도 해놓은 것이 없어서 솔직히 놀라울 뿐이다. 학교 다닐 때 그렇게 죽어라 공부해도 밤에 자려고 누우면 삼시세끼 밥 먹은 기억밖에 없었다. 지난 30여 년간 직장생활도 죽어라 한 거 같은데, 남은 게 별로 없는 것 같다.

며칠 전 퇴사한 선배님의 소식을 들었다. 한때 회사에서 승승장구하셨던 분이다. 최근 주택관리사자격증을 따서 지방상가 건물을 관리하게 되었다며 좋아하셨다. 월수입 250만 원, 지방에서 근무해야 하니 월세와 생활비를 공제하고 나면 얼마 안 되는 수입이지만 처음 시작하는 일에 들뜬 기분이셨고, 행복해 보이셨다. 최근 직장을 잃은 친구는 요즈음 '50대 맛집여행'이라는 유튜버로 활동하며 수익을 쏠쏠하게 올리고 있다. 지난해 공인중개사시험에 응시해서 합격했다는 선후배들의 소식도 들려온다. 응시인원 40만 명, 과연 아저씨들의 '수능'이라 할 만하다. 그래서 더욱 축하해 주고 싶다.

이처럼 인생에는 때가 되면 비로소 깨닫는 것들이 있다. 20대가 '첫 번째 청춘'이었다면, 치열한 삶의 현장에서 조금 벗어나 돈과 시간으로부터 조금은 자유로운 50대는 '두 번째 청춘'인 셈이다. 인생의 부피를 넓혀가는 두 번째 청춘을 위한 네 가지를 소개하고 싶다.

첫째, '읽자.' "독서를 이길 만한 게 없다." 이 말은 최고의 투자수익률을 기록하고 세계에서 가장 존경받는 워런 버핏의 인생조언이다. 그뿐만 아니라 빌 게이츠 등 세상을 움직이는 그의 지인들도 자신의 성공요인으로 '독서'를 꼽았다. 50대인 나는 몇 년 전부터 본격적으로 독서를 시작했다. "책을 읽지 않으면 모든 분야의 지식이나 교양이 부족할 가능성이 높다"라는 어느 작가의 말에 뜨끔했기 때문이다. 교양과 지식이 부족하면 우리 인생에서 안다는 것이 얼마나 큰 기쁨을 제공하는지도 모르고, 사람들에게 인정받지도 못할 것이다. '인정욕구'는 인간의 본능이기도 하지만 깨닫는 즐거움을 위해서라도 공부해야 한다. 공부하는 데 책을 읽는 것만큼 좋은 것이 없다. 100세 시대, 두 번째 청춘을 위해 독서만큼 강력한 무기가 없다는 것을 요즈음 깨닫는다. 책을 읽으면 청춘을 회복하고, 멋지게 늙어갈 수 있다는 것도.

둘째, '쓰자.' 누구나 퇴직과 은퇴를 한다. 그 시기만 좀 다를 뿐이다. "50세 이후에는 은퇴를 기다리며 출근을 한다"라고 해도 과언이 아니다. 이왕이면 매일매일 은퇴를 기다리는 마음과 일상을 글로 옮겨보면 어떨까? 요즈음 일부러 글쓰기 수업을 배우러 다니는 50대 중년이 많다. 나는 SNS를 글쓰기 연습장으로 활용한다. 읽은 책을 요약하고 생각을 공유한다. 저자들의 간결한 문장을 흉내 내기도 하고, 좋은 문장은 내 것으로 만들려고 애를 쓴다. 잘 쓴다는 것은, 잘 느끼는 것이고, 잘 생각하는 것이며, 잘 말하는 것이다. 은퇴 시점에 모아

둔 일상의 글을 출판해도 괜찮다. 짧은 글이라도 오늘부터 쓰자. 두 번째 청춘을 저자강연으로 시작할 수도 있다. 아, 얼마나 기대되고 멋진 일이 아닌가!

셋째, '놀자.' 문화심리학자 김정운 교수는 "나는 놈 위에 노는 놈이 있다"고 말한다. 잘 노는 놈이 성공한다는 말이다. 필자도 노는 것에는 문외한이다. 그도 그럴 것이 누가 놀고 쉬는 방법을 가르쳐준 적도 없고 배워본 적도 없다. "굳이 노는 것을 배울 필요가 있느냐?"고 물을지도 모르겠다. "다른 건 다 가르쳐 놓고 왜 쉬는 걸 가르쳐주지 않았어요?" 골프여왕 박세리가 선수 시절 부진에 빠지자 아버지에게 항의한 말이다. 50대 중장년세대는 '일+성공=행복'이라는 공식으로 살아왔다. 그러나 대부분 성실한 한국 남성들은 퇴직이 임박하면서 갑자기 무기력해지고 우울감이 찾아오는 경우가 많다. 이유는 불안감과 번아웃 때문이다. 막연했던 퇴직이 눈앞에 현실로 다가오면서 오히려 하는 일들이 지루해지고, 사소한 일에 감정이 격해지기도 한다. 이런 번아웃을 예방하려면 잘 놀아야 한다. 왜냐고? 우리는 호모루덴스(놀이하는 인간)니까!

넷째, '살자.' '자식'이 아닌 '자신'을 위해 살자. 두 번째 청춘을 계획하면서 흔히 하는 오해가 있다. 자식을 뒷바라지하고 나면 '그래도 자식이 모르는 체하지 않겠지' 은근히 기대하고, 그동안 내가 열심히 경제적으로 가장 역할을 했으니 '내 배우자는 다른 배우자와 다르겠지' 생각하는 거다. 솔직히 이런 오해가, 오해가 아닌 진실이라면 얼마나 좋을까. 그런데 현실은 그렇지 못하다. 특히 자식에게 아낌없이 주고 나서 후회하는 경우를 심심찮게 듣게 된다. 부모님을 부양하기로 약속하고 재산을 넘겨받은 자식이 갑자기 살기 어려워지면 본의 아니게 불효자가 될 수밖에 없다. "아비가 누더기를 걸치면 자식은 모르는 척하지만, 아비가 돈주머니를 차고 있으면 자식들은 다 효자지." 셰익스피어의 『리어왕』에 나오는 대사다. 때로는 자식에게 치사해질 필요가 있다. 자신을 위해 사는 것이 결국 자식을 위하는 길이다.

10.
가난하고 즐겁게 살고 싶다

기관차처럼 달려온 선배의 한 시절, 직장생활이 끝나고 있다. 다른 때보다 조금은 무겁지만 외롭지 않은 저녁자리에서 "이제는 어떻게 지내실 겁니까?"라고 물었다. 하지 말아야 할 질문이었지만 미안함이 묻은 질문에 선배는 따뜻한 눈빛으로 대답했다.

"가난하고, 즐겁게 살겠네."

그 대답은 어색한 분위기를 바꾸는 데 부족함이 없었다.

"마음이 가난한 자는 복이 있나니…." 예수님의 산상수훈 중 하나인데, 이 말씀은 겸손하고 자신의 부족함을 인식해야 하나님의 나라에 속한다는 것을 가르치고 있다. 선배가 얘기한 가난은 앞으로 펼쳐질 삶에 대한 기대와 겸허함이 묻어난 것임을 나는 본능적으로 알고 있었다.

모두가 좋은 시절 다 갔다며 아쉬워하지만, 누구나 한 시절의 끝에 이르면 미처 몰랐던 새로운 삶이 물 흐르듯 펼쳐질 것이고, 좋은 시절이 가면 더 아름다운 시간이 기다리고 있을 것이다.

한 계절의 모습만으로 나무를 판단하면 안 되는 것처럼, 잎을 떨군 나무가 실패한 것이 아닌 것처럼, 꽃이 지면 잎의 시절이 오는 것처럼, 물이 흘러가야 새로운 물을 만질 수 있다.

우리는 회사가 나에게 부여한 역할과 지위를 나의 '고유명사'인 것으로 착각하며 살아간다. 그런 경우 십중팔구 한 시절의 끝에 이르면 공허함와 허무함이 밀려오고, 도적처럼 불쑥 불안함과 초조함이 밀려와 잘못된 선택을 하기도 한다. 화려함 뒤에 공허함이 생기면 이를 만회하고자 또 다른 특별한 명사로 자신을 치장한다. 이런 우리의 모습은 지푸라기로 만든 허수아비와 별반 다르지 않다.

임금피크제를 앞두고 회사와 팽팽하게 줄다리기를 하는 동료와 선배들이 많다. 어떤 이는 당장이라도 그만둘 것처럼 얘기하고, 누구는 여전히 신중한 모습을 보인다. 시쳇말로 "회사가 전쟁터면 밖은 지옥이다"라는 자조 섞인 말을 하면서 말이다.

그만둘까? 남을까? 섣불리 결정하기 어려운 문제이지만, 그동안 내 삶의 궤적을 만들게 한 직장에서 부여한 지위와 역할이 내 '고유명사'였다면 퇴사를 조금은 말리고 싶고, 흘러가는 강물처럼 역동적이고 순간순간 변화하는 '동사' 같은 인생이었다면 용기와 박수를 보내주고 싶다. '동사' 같은 삶을 사는 사람은 겸허하게 자신의 부족함을 인정하는 용기가 있고, 앞으로 펼쳐질 새로운 삶의 변화를 받아들이고 기대하지 않을까? 퇴직을 앞두고 "가난하고 즐겁게 살겠네"라고 말한 선배처럼 말이다.

나무는 '해거리'를 하기도 한다. 해거리는 한 해를 걸러서 열매가 많이 열리는 것인데, 한 해에 열매가 많이 열리면 나무가 약해져서 그다음 해에는 열매가 거의 열리지 않는다. 어떤 나무가 '해거리'를 한다면 휴식을 취하는 것이다. 옆에 있는 나무가 열매를 맺건 말건 상관없이, 나무는 쉬어야 할 때는 확실하게 쉬기만 한다. 그리고 1년 간의 긴 휴식이 끝나고 다음 해에 나무는 그 어느 때보다 풍성하고 실한 열매를 맺는다.

열매를 잘 맺기 위해서는 잘 떨어져야 한다. 유도에는 낙법이라는 기술이 있는데, 갑자기 넘어지는 경우에 부상 없이 자기의 몸을 안전하게 보호하는 기술이다. 부상을 당하지 않고 안전하게 넘어지기 위해서는 낙법을 익혀야 한다.

내 삶에서 실한 열매를 맺기 위해서는 유도 선수가 낙법을 하듯 좋은 땅에 씨앗이 떨어져야 한다. 어떤 씨앗은 강퍅한 '돌밭'에 떨어진다. 흙이 얕아 뿌리를 내리지 못한 씨앗은 싹을 틔우더라도 머잖아 햇빛에 말라 버린다. 사람들이 오가는 '길가'에 떨어지는 씨앗도 있다. 이 씨앗은 호시탐탐 노리던 새들의 먹잇감이 되어 버린다. 떨어지지 않으려 아등바등하다 겨우 '가시나무'에 떨어진 씨앗은 자라긴 하지만 주변 나무들의 기운에 막혀 열매를 맺지 못한다.

우리에게도 '해거리'가 필요하다. 회사에서 한 시절을 보내고 퇴직을 앞둔 우리는 직장생활의 끝에 이르게 되는데, 그렇다고 인생 전체가 끝나는 것은 아니다. 퇴직 이후에 보다 멋진 삶을 열어가기 위해서는 '해거리'가 필요하다. 잠시 휴식을 취하다 보면 보다 풍성하고 달디단 열매를 기대할 수 있을 것이다.

우리 모두는 각자의 삶을 쓰는 작가다. 나탈리 골드버그는 『뼛속까지 내려가서 써라』에서 "작가는 비를 맞는 바보"라고 말했다. 폭우가 쏟아지면 작가는 비를 피하기 위해 우산을 찾으려 우왕좌왕하지 않고, 오히려 빗속으로 들어가 빗물과 가장자리에 튕기는 물방울을 응시하고 음미하면서 가장 빛나는 순간을 붙잡는다.

'지금'은 강물처럼 흘러가고, 현재는 곧 미래와 만날 것이다. 미래의 눈으로 순간을 음미하면 그 안에 담긴 의미를 발견할 수 있고, 새로운 출발을 할 수 있다.

지금 한 시절이 끝났다고 아쉬워하지 말고, 먼 영원의 눈으로 다가올 미래에 어떤 이야기를 펼쳐 나갈지, 연재소설을 쓰는 작가의 마음으로 한 글자 한 글자 꾹꾹 써 내려가자.

11.

말실수는 실수를 가장한 진심이다

누군가 내게 "'말(言)'을 하지 않으면 온전한 '서울사람' 같은데, 말하는 순간 바닷가 내음이 거칠게 풍기는 '경상도사람' 같다"고 말했다. 그렇다. 나는 거친 바닷가에서 자란 '부산사내'다. 평소에는 표준어로 말하지만(물론 나만의 착각이다) 고향 친구를 만나거나 당황하면 경상도 사투리가 나도 모르게 튀어나온다. 그런 경우 나는 마치 다른 사람이 된 것만 같다. 내 안에 또 다른 내가 고개를 내밀며 슬그머니 모습을 드러내는 것 같기 때문이다.

부부싸움을 할 때도 나는 영락없이 다른 사람이 되는 것 같다. 하지 말아야 할 말을 내 안에 있던 또 다른 내가 쏟아낸다. 말로 인해 다른 사람이 될 수도 있다는 사실을 깨달으니 놀랍고 부끄러웠다. 그런 '나'는 진짜 '나'일까? '나'라는 '자아'는 시간이 지나면서 바뀌어 가는데, 진짜 '나'는 누구일까? 나는 여전히 동일한 '나'이지만 말이라는 언어적 도구는 또 다른 자아를 만들어낸다.

국어사전에서 '자아(自我)'에 대해 찾아보았다. '자기 자신에 대한 의식이나 관념'이라고 나와 있다. 어느 과학자는 "자아는 어쩌면 환상이다"라고 말했다. 그는 "자아는 객관적 실체가 아니라 오히려 외부에서 들어오는 수많은 자극을 분석하는 과정에서 그런 자극들을 묶어주는 체계일 뿐이다"라고 했는데, 솔직히 나는 그런 과학적 분석을 잘 이해하지 못한다. 그저 환상에 불과한 자아가 실제로 존재한다고 착각하며 살고 있다고 해야 할까?

유시민 작가는 『문과 남자의 과학 공부』에서 "뇌에 있는 우리의 자아는 단단하지 않다. 쉼 없이 흔들리고 부서지고 비틀거린다"라고 말했다. 그는 "뇌 속에 자아가 있다"고 말한다. 그런데 우리의 자아는 너무도 유약해서 흔들리고 비틀거린다. '문과 남자'이기도 한 나는 이 문장을 더욱 공감할 수 있었다. "뇌는 뉴런이라는 신경이 서로 연결됨으로써 사람의 생각과 행동을 만들어내고, 사람의 생각과 행동은 거꾸로 뉴런의 연결패턴에 영향을 준다"고도 한다. 어느 과학자가 말한 것처럼 환상에 불과했던 자아가 오히려 우리의 뇌를 형성하고 바꾼다는 것이다. 이 또한 놀라운 일이다.

한때 거친 억양과 사투리 때문에 '보이스 컨설팅'을 받아볼까 싶었다. 후천적 노력으로 어느 정도 목소리와 음색을 바꿀 수 있다는 말에 혹해서다. 왜 그렇게 사투리에 신경을 쓰느냐고 생각할지도 모르지만, 사람을 만나 대화하는 직업을 가진 나에게 말과 목소리는 중요한 언어적 도구이기 때문이다. 하지만 그렇게 해서 만들어진 목소리가 내 안에 있는 진짜 자아까지 바꿀 수는 없을 것이다.

나이가 들면서 우리의 목소리는 조금씩 변한다. 호르몬의 변화와 성대 주변 근육조직이 수축 및 성장하면서 남성은 10대 후반, 여성은 50대 중반에 완경(完經, 여성의 폐경을 완곡하게 이르는 말)과 함께 목소리가 저음으로 변하기 때문이다.

물론 인위적으로 천상의 목소리를 내는 '카스트라토'도 있고 우리가 잘 아는 비틀즈의 존 레논, 폴 매카트니, 이태리의 테너가수 파파로티처럼 나이가 들어도 목소리가 변함없는 사람도 많다. 생각해 보면 성대(聲帶)는 신체의 다른 부위에 비해 가장 많이 사용하는 기관인데, 노화 속도는 오히려 더딘 것 같다.

여하튼 목소리, 더 나아가 목소리에 어떤 말을 담아내느냐에 따라 그 사람의 됨됨이를 엿볼 수 있는데, 영화배우 한석규는 '말'에 대한 인터뷰를 한 적이 있는데, 그는 평소에 말을 굉장히 아끼는 배우로 알려져 있다. 그 이유는 자신이 과거에 무심코 했던 말들을 생각해 보니 '참 덧없구나'라는 생각이 들었는데, 그는 "어떤 미사여구(美辭麗句)로 잘난 척하지 않았는지, 세월이 지나 보니 그런 반성이 들었다고 한다. 말은 한 번 뱉고 나면 주워 담을 수 없고, 말이 많아질수록 실천하지 못했던 허울뿐인 말이 잡초처럼 무성해진 것 같아서 많이 부끄러웠다"고 했다. 말에 대한 남다른 철학을 가진 참 멋진 배우다.

말은 실수를 동반하기도 한다. 상사(후배)는 후배(상사)에게, 남성(여성)은 여성(남성)에게, 남편(아내)은 아내(남편)에게 말실수를 종종 한다. 대부분의 사람들은 말실수를 반복적으로 하는 경향이 있다. 한 번만 하면 실수로 눈감아줄 수도 있겠지만 여러 번 하면 그럴 수는 없다. 그러니까 말실수를 반복해서는 안 될 것이다.

그리고 말실수는 무의식 속에 이미 존재하고 있던 말이 그 사람의 의식이 잠시 한눈을 팔고 있을 때 자신도 모르게 튀어나오는 진짜 생각의 결과물이다. 무의식은 매우 정직해서 가식이나 위선이 없다. 프로이트는 말실수에 대해 "내면에 숨겨진 욕구"라고 했다. 말실수는 실수가 아니라 진심에서 우러나오는 것이기 때문이다.

12.
은퇴 후 십만 시간, 쉬지 말고 잘 놀자

우리는 '잘 먹고 잘살기 위해' 살아간다. 여기서 '잘(well)'이란, '옳고 바르다'는 뜻이다. 그런데 사람들은 간혹 이렇게 욕한다. "에이, 잘 먹고 잘살아라!" 비아냥거릴 때는 "놀고 있네!"라고 한다. 왜 그럴까? '노는 것'을 그리 달갑게 여기지 않는 풍조 때문에 그러는 것이다. 우리나라는 서구 사회와 달리 짧은 기간 압축성장을 통해 가난과 굶주림의 굴레에서 벗어났다. 근면 성실하게 일해야 했고, 놀고 쉰다는 것은 게으른 삶으로 여겨졌기 때문이다. 자기소개서에 빠지지 않고 썼던 문장이 '근면·성실하신 부모님 밑에서'였다.

"노세 노세 젊어서 놀아. 늙어지면 못 노나니. 화무(花無)는 십일홍(十日紅)이요. 달도 차면 기우나니. 얼씨구 절씨구 차차차. 지화자 좋구나. 차차차. 화란춘성 만화방창(花爛春盛 萬化方暢), 아니 놀지는 못하리라."

이 노래는 '노는 것'에도 때가 있다고 말한다. 따뜻한 봄날에 온갖 생물이 자라나 흐드러지고 꽃이 만발할 때 열심히 놀아야 한다는 것이다.

나는 잘 놀고 싶다. 그런데 솔직히 자신이 없다. 제대로 놀아본 기억이 없기 때문이다. "일 때문이야"라고 변명하자니 너무 궁색한 것 같다. 과거에는 "일밖에 모른다"는 말이 칭찬일지 모르지만 지금은 융통성 없는 사람, 재미없는 사람으로 여겨진다. 과거에 기껏 잘 논다는 것이 회식 후 노래방에서 노는 정도였으니, 한심하기 짝이 없다. 내 주위에는 "놀면 불안하다"는 사람이 많다. 지금은 하나둘 은퇴했지만 과거 선배들이 특히 그랬다. 지금도 휴가를 제대로 보내지 못하고 "출근하는 게 편하다"는 동료들도 있다.

네덜란드의 문화사학자 요한 호이징어는 『호모 루덴스』에서 인간의 존재를 '호모 루덴스(Homo ludens)'라고 정의했다. '놀이하는 인간'이라는 뜻이다. 주 52시간 도입으로 여가 시간이 많아졌지만 제대로 놀아본 적 없는 '나'는 늘어난 여가 시간이 솔직히 곤혹스럽다.

우리는 '논다'와 '쉰다'를 구분하지 않고 같은 의미로 받아들이는데,

이 둘의 의미는 근본적으로 다르다. '쉰다'는 성공이라는 목적을 달성하기 위한 수단인 '휴식' 또는 '재충전'을 의미하는 반면에, '논다'는 즐거움과 재미를 찾는 것을 의미한다. 재미있어야 일도 삶도 행복하지 않을까? 지금 50세의 경우 은퇴 후 평균 30년의 시간이 주어진다. 그중 적극적 활동이 필요한 시간은 약 십만 시간이라고 한다(30년×365일×8시간). 적지 않은 시간이다. 놀이하는 인간, '호모 루덴스'로서 어떻게 하면 재미있게 잘 놀 수 있을까?

첫째, 재미와 놀이는 경계가 없다. 요즈음은 공부까지도 재미로 하는 경우가 많다. '논어'가 재밋거리가 되고 '고전'이 감동이 된다. 스페인의 '산티아고 가는 길'을 찾아가 고생길을 즐기는 사람도 적지 않다. 힘든 것도 재미와 감동 그리고 놀이가 되는 세상이다. 내가 아는 선배는 놀이하는 인간이다. 그는 몇 달 전 스페인을 거쳐 터키를 다녀왔다. SNS에 올라오는 선배의 사진과 여행 일정은 부러움의 대상이다. 몇 년 전 인도도 홀로 여행했다. 그는 진짜 '호모 루덴스'다.

둘째, 재미와 놀이는 구체적이고 분명해야 한다. "그래, 어떻게 하면 잘 놀고 재미있는 건가요?" 이 책을 읽고 이런 질문은 하지 마시

라. 그러지 마시고 자기 자신에게 "무엇이 재미있는가?"라고 질문을 던지는 건 어떨까. 최소한 스스로 무엇에 재미를 느끼는지 알아야 하지 않을까? 그리고 "여행이요"라고 단순하게 말하지는 말라. 여행에도 남들과 구별되는 특별함이 있어야 한다. 유적, 나무, 식물을 찾아 떠나거나 섬만 찾아다니는 여행처럼, 내가 좋아하며 재미를 느끼는 여행이 되어야 하고, 나만의 스토리도 있어야 한다. 뿐만 아니라 입맛도 재미와 감동을 줄 수 있다. 저녁 모임에 소주와 맥주가 아니라 미국 옥수수 버번, 스코틀랜드 싱글몰트 등 위스키 등을 놓고 시간을 보내는 사람들도 적지 않다. 이런 자리에서 술은 마시고 취하기 위한 것이 아니라 문화 그 자체다.

셋째, 사소한 것이 진짜 재미고 놀이다. '노는 것'은 시간만 있으면 된다. 드라마틱한 기쁨을 느껴야만 재미라고 생각하는 사람이야말로 못 노는 사람의 전형이다. 〈쇼생크 탈출〉에서 앤디는 교도소장의 명령을 무시하고 모차르트의 '피가로의 결혼'을 회색감옥 전체에 들려준다. 아름다운 아리아는 감옥에 있는 죄수들에게 자유를 느끼게 했다. 음악 하나가 누군가에게 감동이 된 것이다. 재미에 대한 환상을 버려야 진짜 재미와 감동을 만끽할 수 있다.

은퇴 후, 십만 시간을 보내야 하는 우리에게 재미와 놀이는 '노(老)테크'다. 노후에는 '아이덴티티'가 분명한 사람이 행복하다. "과거 어느 회사의 CEO, 임원이었다"가 아니라 '(고전)음악 전문가', '독서 전문가'라는 식으로 자신의 정체성을 확립하는 것이 훨씬 행복하고 성공한 삶이다.

나는 마음을
파는 장사꾼
입니다

제**3**부

—————

가족에 대한
사랑과 이별의 기록

1.

아버지 유품, 낡은 비망록이 남긴 것

소설가 양귀자는 『나는 소망한다 내게 금지된 것을』에서 "잘못된 길을 가고 있을 때, 지속되는 삶의 궤도 위에서 온 힘을 다해 커브를 도는 일은 누구에게나 쉽지 않다"라고 말했다. 나의 졸고(拙稿)를 담아낸 이 책이 은퇴 후 인생 2막을 맞이하는, 노후라는 커브 길에 접어드는 사람에게 하나의 마중물이 되길 바라 마지않는다.

회사 동료와 동창들을 만나면 대부분 '노후준비' 얘기를 하느라 바쁘다. "연금은 얼마나 가입했냐?", "퇴직금은 어떻게 받아야 하느냐?", "자식 뒷바라지는 언제까지?", "퇴직 후 뭘 하며 살아야 할까?" 하며, 서로 묻고 답한다.

KBS '아침마당' 출연섭외를 받았다. 부모님들의 노후준비에 관한 이야기를 특강형식으로 진행해 달라고 했다. 사전 인터뷰에서 아버지의 삶과 노후준비에 대한 가치관이 변했던 이유에 대해 얘기했다.

부모님 세대 중에서 이렇게 생각하시는 분이 많다. '노후라는 단어가 너무 낯설다. 이게 뭐지? 언제 이런 단어가 생긴 거지?' 누구 못지않게 열심히 살아왔고, 재산이 없는 것도 아닌데 가끔 비어 있는 지갑을 보면 불안하다는 말씀을 많이 하신다.

왜 그럴까? 부모님들의 젊은 시절, 1970~1980년대로 돌아가 보자. 이때는 평균 수명이 60세 정도였다. 직장을 그만둔 후에 노후생활이 10년도 채 안 됐다. 그리고 무엇을 해도 돈을 벌 수 있는 시절이었다. 그리고 이제는 평균수명이 늘어났다. 지금 노년을 맞은 분들의 자산은 대부분 부동산이다. 이제 두 자릿수 금리는 박물관에나 존재한다. 여기에 하나 더 변수가 생겼다. 바로 부양문화다. 과거에는 부모가 자녀를 부양하면, 그 자녀가 장성하여 나이 든 부모를 부양했다. 그런데 지금은 나이 든 부모가 여전히 나이 든 자식을 부양하는 경우가 많다. 그래서 노후가 불안한 것이다.

내 고향은 부산 영도다. 아버지께서는 영도조선소(구 조선공사)에서 일하셨다. 시쳇말로 기름밥을 먹어가며 밤낮으로 용접 일을 하셨다. 노후준비? 그런 단어가 있는 줄도 모르셨다. 그때는 그랬다. 자식에게 손 벌리지 않으시려 몸이 허락하는 날까지 일을 놓지 않으셨다. 내가 기억하는 아버지의 평상복은 언제나 거친 작업복이었다. 남들처럼 '메이커' 옷 입는 것을 부담스러워하셨다. 자식들이 옷을 선물로 사드리면 '이건 얼마짜리인지'를 제일 궁금해하셨다. 옷이 마음에 들지 않아서가 아니다. 자신에 대해 인색하고 소비하는 것에 익숙하지 않으셨기 때문이다. 더 아껴서 자식을 위해 쓰려고 하시는 마음이 더 컸기 때문이다. 프랑스 작가 오노레 드 발자크의 『고리오 영감』에서 두 딸 '아지'와 '델핀'을 향한 '고리오 영감'의 마음처럼 말이다.

"내가 어떤 천의 옷을 입건, 내가 어떤 곳에서 잠자건 그게 무슨 상관이겠소? 그애들이 따뜻하면 나는 춥지 않고, 그애들이 웃는다면 나는 지루하지 않소."

어느 날 아버지께서는 일찍 산에 오르셨다. 점심때가 되어도 내려오지 않으셨다. 어머니의 전화에도 감감무소식이었다. 시간이 얼마나 흘렀을까? 한참의 시간이 지난 후 집으로 돌아오신 아버지께서는 힘없이 쓰러지셨다. 뇌경색이었다. 이후 합병증과 만성폐쇄성 호흡기 질환으로 긴 투병 끝에 고된 삶의 끈을 놓으셨다.

아버지의 유품을 정리하다가 오래된 다이어리를 발견했다. 삐뚤빼

뚤한 글씨는 아버지 삶의 궤적처럼 보였고, 한 땀 한 땀 밀면서 써 내려간 글은 지난한 삶을 회한(悔恨)하고 계셨다.

"사랑하는 가족들에게. 미안하고 볼 면목이 없구나. 항상 넉넉하게 생활 한번 못하고, 먹는 것 마음대로 먹어보지 못하고, 구경 한번 제대로 가지 못하고, 허송세월만 보냈구나. 우리 가족 모두에게 미안할 뿐이다."

"마누라 머리는 백발이 되고 얼굴에 주름살이 늘었다. 너무나도 안타깝고 불쌍한 마음뿐이다. 못난 나 같은 놈을 만나 돈 한번 넉넉히 써 보지도 못하고, 보고 싶은 곳 한번 못 가고 이 꼴이 되어 버렸다. 너무나도 안타깝고 분하다. 지금도 늦지 않았는데 몸이 말을 듣지 않는다."

"사랑하는 당신, 당신만은 오래도록 살게. 죽지 말고 살아야 하네. 억울하지도 않은가? 돈이라도 한번 써 보고 죽어야 하지 않겠는가? 내가 당신의 모든 병 가지고 갈게, 당신만은 건강히 잘 있다 자식들에게 호강받고 오시게. 제발 부탁이네."

낡은 다이어리를 한 페이지씩 넘길 때마다 아버지 삶의 무게를 느꼈고 가슴이 먹먹했다. 유난히 부끄러움이 많고 말수가 적으셨던 아버지께서는 인생의 마지막 순간에 어머니에게 용기 내어 말씀하셨다.

"당신, 미안하고 진심으로 고마웠네."

아버지의 낡은 비망록은 내 삶의 가치관을 송두리째 바꾸어 놓았다. 자식을 위해서라면 내장, 쓸개까지 다 빼 주는 것이 부모지만, 부모도 사람이다. 때로는 자식이 아니라 나를 위해 살아야 하지 않을까……

사람들은 죽으면서 무엇을 남기고 떠나는 것일까? 그저 눈물만 흘리며 슬픔을 남길까? 아픈 상처 아니면 애타는 그리움을 남길까? 아마도 세상을 떠나는 사람들이 자기 자신 그리고 남은 이들의 가슴 깊은 곳에 남기는 것은 '후회'라는 숙제이지 않을까.

2.
늙은 염낭거미가 되지 않으려면

옆집 사람이 30년간 중견기업에서 일하다 은퇴했다는 소식을 접했다. 직장을 떠나면서 3억 원 넘는 퇴직금과 조금 모아 둔 돈으로 여유 있는 노후를 의심하지 않았다. 하지만 큰딸 혼수비용을 지원하고 취업하지 못한 아들을 뒷바라지하느라 퇴직금을 조금씩 갉아먹더니, 재산이라곤 이제 30평 아파트밖에 없다며 푸념했다. 지금은 손주 육아를 위해 딸 집 옆으로 이사했다.

천명관 작가의 동명소설을 원작으로 한 영화 〈고령화 가족〉이 있다. 영화는 전쟁과 같은 사회생활에서 적응하지 못하고 패잔병이 된 아들이 엄마 곁으로 돌아오면서 생기는 에피소드로 구성되었다. 과거에는 부모가 자녀의 교육, 결혼 등을 뒷바라지하면, 자녀는 나이든 부모를 다시 부양하는 선순환 구조였다. 부모가 늙으면 자녀가 부양했고 아들딸이 연금이었던 셈이다. 하지만 과거와 달리 저성장 시대가 되고 핵가족화되다 보니 지금은 나이 든 자녀를 오히려 늙은 부모가 계속 부양해야 하는 것이 현실이다.

프랑스에서는 20세가 되면 부모를 떠나 독립하는 젊은이들이 많다. 프랑스 영화 〈탕기(Tanguy)〉에서 주인공 '탕기'는 28세가 넘은 나이에도 아직 준비가 안 됐다는 이유로 독립하지 않으려 한다. 부모는 이런 아들이 부담스러워 집에서 나가게 하려고 궁리한다. 우리나라에서는 덜 알려져 있지만 프랑스에서는 유명한 영화다. 이 영화의 유명세로 인해 어른이 되어서 독립하지 않은 프랑스 젊은이를 '탕기'라고 일컫게 되었다.

'캥거루족'은 사회적으로 성인이 된 이후에도 모든 경제력을 부모 또는 가족에게 의존하는 사람을 일컫는 말이다. 어느 날, 나는 '내 자녀가 캥거루족이 되어서는 안 된다. 나는 늙은 염낭거미가 되어서는 안 된다'고 생각했다. 독거미의 일종인 '염낭거미'는 새끼에게 먹일 것이 없으면 제 살을 먹이로 주는 습성이 있다. 나는 내 살을 내어주지 못한다. "나는 내 인생이 있고, 너희는 너희의 삶이 있으니 내 살을 내어줄 용기가 없다"고 솔직히 고백한다. 자녀를 낳았으니 경제적으로 독립할 때까지 물심양면으로 지원하는 것이 부모로서 인지상정 아니겠냐고 누군가 항변하면, 경제적 독립의 기준은 무엇이고 언제까지 부양해야 하는지 반문하지 않을 수 없다.

리처드 도킨스는 『이기적 유전자』에서 "부모가 희생하며 자식을 돌보는 이타적 행위도 불멸의 유전자를 위한 이기적 행동"이라고 주장했다. 만약 내 살을 내어주는 것이 자녀의 삶을 위한 것이라면, 내 삶을 돌보는 것 또한 자녀를 위한 것이라는 논리가 성립될 수 있지 않을까?

유시민 작가는 대학에 입학한 학생들에게 첫 번째로 해주고 싶은 말이 '독립할 준비'라고 했다. 대학 시절에 청년들은 혼자 힘으로 이 크고 험한 세상에서 살아갈 수 있도록 준비해야 한다. 대학 시절에 가장 필요한 것이 '독립할 준비'이고, 이 준비를 갖추지 못하면 대학을 졸업하고도 부모 품에서 벗어나기 힘들다. 예나 지금이나 부모든 자식이든 서로에게 의존하며 산다면 존엄한 삶이 되기는 어렵다. 부모가 낳아서 이십여 년 동안 키워주고 공부를 시켰으면 이제 스스로 홀로서기를 준비해야 된다. 자기가 좋아하는 일, 하고 싶은 일이 구체적으로 무엇인지 치열하게 찾아야 한다. 이런 얘기를 하면 '꼰대' 소리를 듣겠지만 그래도 할 말은 하자.

  큰딸은 올해 대학 졸업반이다(2026년 현재 아빠처럼 열심히 자기 밥벌이를 하고 있다). 고3이 엊그제 같았는데 시간이 바람에 구름 밀리듯 흘러갔다. 부모로서 최소한의 역할은 해왔다고 생각했지만 등록금 몇 푼 지원해 주었다고 그 역할을 다했다고 할 수 있을까? 내 입장은 내 입장이고 딸의 입장도 있을 것이다. 딸이 요즈음 무슨 생각을 하고 있는지 궁금했다. 딸 스스로 험한 세상에서 자신을 보호하고 자립하기까지 얼마의 시간이 걸릴지, 자신이 생각하는 '경제적 독립'의 기준은 어떠한지 알고 싶었다. 솔직한 대화를 통해 딸의 속마음을 헤아리고, 내 속마음도 나누었다. 우리는 서로를 이해하고 공감하며 배려하게 되었다.

  부모는 자식의 삶을 존중해야 한다. 마찬가지로 자식 역시 부모의 인생을 공감해야 한다. 부모와 자식이 서로 존중하고 공감하기 위해서는 서로를 배려하려는 마음이 동반되는 '공감적 배려'를 해야 한다. 그래야 서로의 삶을 옥죄는 캥거루족, 늙은 염낭거미가 되지 않을 것이다.

3.

장모님의 사모곡(思母曲)

왜소하지만 강직하시고, 한쪽으로 치우치지 않으시며, 따뜻한 성품을 소유하신 장모님, 올해 일흔여섯이신 장모님은 내게 적잖은 용기를 주신 인생의 멘토다.

오래전, 장모님은 자신의 어머니에 대해 이야기해 주셨다. 장모님에게는 두 분의 어머니가 있으셨다. '낳아 주신 어머니'와 '길러 주신 어머니', 장모님이 열 살 남짓 되었을 때 낳아 주신 어머니는 오랜 지병으로 짧은 생을 마감하셨다. 얼마 후 새어머니가 오셨는데, 장모님과 불과 나이가 열 살밖에 차이 나지 않았다.

어느 여름날이었다. 평소에 라디오를 즐겨 듣던 장모님은 방송에서 '어머니'와 관련된 사연을 신청받는다는 얘기를 듣고 응모했는데, 덜컥 방송에 소개되었다. 편지 형식으로 된 그 사연을 소개하겠다.

어머니 저예요, 지금도 친정집 마당에 들어서면 어김없이 부엌문을 열고 나오시면서, "너 오냐, 오느라고 고생했다" 하시면서 저를 반겨주실 것만 같습니다. 제가 어머니를 처음 뵌 건 열한 살 때였습니다. 그때 어머니는 스물한 살이셨죠. 저와 어머니는 불과 열 살 차이밖에 안 나는 '모녀지간'이었습니다. 어머니는 족두리를 한 모습으로 가마를 타고 저희 집에 오셨습니다. 제 친어머니께서 4남매를 두고 병을 앓다가 돌아가신 후 아버지께서 재혼하신 분이 바로 어머니였죠. 아버지께서 재혼하시던 날, 마을 사람들이 그랬습니다. "저기 각시가 온다." 마을 사람들이 손짓하는 곳으로 가보니, 원삼 족두리를 쓰고 한복을 곱게 입은 각시가 어린 눈으로 보기에도 어찌나 예쁘던지요. 열한 살이던 저는 왠지 가슴이 두근거리면서 퍼뜩 이런 생각이 스치고 지나갔습니다. '저렇게 예쁜 각시한데 어떻게 엄마라고 부르지?'

그때 제가 열한 살, 밑으로 동생이 9살, 4살, 2살이었습니다. 동생들은 너무 어려서 새엄마가 온다는 게 뭔지도 몰랐는데, 그때 저는 알 듯 모를 듯했고, 새엄마가 우리 집에 오신다는 걸 어떻게 받아들여야 할지 모르겠더라구요.

한데, 어머니는 오신 첫날부터 제 불안함을 걷어가 버리셨습니다.

시집온 날 각시밥상이라는 '점심상'을 받으셨을 때, 어머니는 두리번 두리번 주위를 살피시더니 저에게 동생들을 데리고 오라고 하셨죠.

제가 동생들을 데리고 안방에 들어가니 어머니께서 양옆에 우리를 앉히시고 어머니 앞으로 차려진 밥상에 있는 음식들을 골고루 먹여 주셨죠. "어여 먹어라. 많이 먹어라" 하시면서 시집온 첫날부터 우리 4남매를 챙기시던 그 모습을, 수십 년이 지난 지금도 제가 지금 이렇게 예순을 넘긴 이 나이가 되어서도 잊을 수가 없습니다.

그날, 가마 타고 우리 집에 오신 어머니는 50여 년 동안 생모를 잃고 불안했던 저희 4남매를 큰 사랑으로 키워주셨습니다. 어머니께서는 아버지와의 사이에 3남매를 낳으셨지만 절대 저희 4남매를 박대하지 않으셨지요.

밤이면 저와 동생을 양옆에 눕게 하고 잠이 들 때까지 '장화홍련'과 '콩쥐팥쥐' 이야기를 매일 밤 들려주시던 어머니, 낮에 일이 좀 한가할 때는 우리들 머리에서 이를 잡아 주셨고 명절이 되면 꼭 좋은 옷을 입히셨죠.

그뿐인가요? 어머니는 봄이 되면 닭을 키워서 할아버지, 할머니, 아버지의 몸보신을 위해 삶아드렸는데, 몸이 유난히 약했던 저에게도 닭을 삶아 주셨죠. 어른들이 다 드실 때까지 기다리다 보면 저는 어느새 깜빡깜빡 졸고 있었고, 그런 저를 깨워서 마늘 넣고 대추 넣어서 푹 삶은 닭을 먹여주셨습니다.

어머니, 저는 이제 환갑을 넘겼고 자식들은 모두 장성했습니다. 이 나이가 되어보니 '나'라면 새엄마로 들어가 어머니처럼 그렇게 할 수 있을까? 생각해 봅니다. 저는 아마 그렇게 잘하지 못했을 겁니다. 어머니는 저희 4남매를 위해서 하늘에서 보내주신 분 같았습니다. 그런데 저희는 어머니께 해드린 게 너무 없습니다.

아버지는 어머니보다 열네 살이나 연세가 많다 보니, 아버지가 먼저 돌아가실 것 같아서 저희는 아버지한테만 관심을 가지고 어머니한테는 늘 나중에 해야지 했는데, 하늘나라 가는 길은 순서가 없는 모양입니다.

어머니께서 일흔하나의 연세로 갑자기 돌아가실 줄 누가 알았겠어요? 어머니는 마치 50여 년 동안 우리 4남매 잘 키워주시려고 내려온 천사 같았습니다. 어쩌면 그렇게 가식이 없고 위선이 없을 수 있는지, 저는 정말 어머니 인생을 존경합니다. 하늘이 저에게 생모를 빼앗은 대신 새어머니 복을 주셨나 봐요. 어머니, 감사드려요. 하늘에서 제 마음을 받아주세요. 정말 감사했다고, 잊지 못할 거라는 말을 꼭 하고 싶었습니다.

　우리는 언젠가 비바람을 막아주던 커다란 우산이 순식간에 거두어질 때 고아가 된다. 장모님은 열 살 남짓 어린 나이에 낳아 주신 어머니의 병수발을 홀로 감당하시고, 남겨진 동생들을 챙기느라 학교를 제대로 다니시지 못했지만, '햄릿', '로미오와 줄리엣' 등을 읽으며 어린 시절을 보내셨다. 거동이 불편한 시아버지의 병수발까지 하시느라 녹록하지 않은 인생이었건만 넉넉하신 품으로 사랑을 실천해 오신 장모님, 사랑합니다. 그리고 존경합니다.

4.
슬픔의 썰물 뒤에는 기쁨의 밀물이 온다

남해, 인적 드문 포구(浦口)에는 도시의 소란과 아귀다툼이 태고부터 없었던 것처럼 고요함이 온 공간을 삼켜버렸다. 달의 여신 '아르테미스'는 삶이 고단한 사람에게 아름다운 달빛을 내려주고, 그 달빛 아래에는 욕심 없이 사는 사람들을 위한 잔치가 벌어졌다.

포구는 어린 새끼에게 생명줄을 내어주는 엄마의 둥근 젖가슴처럼 한없이 관대하다. 지나가는 외지인에게 건네는 늙은 어부의 말은 생명을 낚는 말이 되고, 먼바다에서 파도소리를 담아 웅웅거리는 바람은 지난했던 우리 삶을 다독거린다.

그 포구에서 엄마의 '산수연(傘壽宴)'을 가족과 함께 열었다. '산수(傘壽)'의 '산(傘)'은 글자의 모양이 '8(八)'처럼 생겼는데, 거기에 '十(십)'을 합치면 '80'이 된다는 의미로, 산수연은 80세를 맞이한 부모님을 위한 잔치를 말한다. 잔치라고 해봐야 엄마를 위해 잔칫상을 차리고, 잔치 음식을 나눠 먹는 것이 전부지만 엄마는 눈앞에 펼쳐진 잔칫상을 보시고 적잖이 놀라셨다. 오늘 팔순 잔치가 있다는 사실을 비밀로 했으니까.

큰 홀을 빌려서 동네 이웃들도 모시고, 엄마랑 말동무하고 마실도 함께 다니는 친구분들을 초대해야 하는데, 형제들과 의논 끝에 작은 포구마을에서 자식, 며느리, 손주와 함께하는 조촐한 가족연으로 대신하기로 했다.

예쁜 한복을 갈아입으시니 수줍은 새색시처럼 부끄러워하셨다.

자식과 손주들의 감사 손편지를 읽으시며 "고맙다", "미안하다"는 말만 반복하시는 엄마, 뭐가 그리 미안하신 것일까? 엄마는 내어주고 또 내어줘도 자식에게 늘 부족하신가 보다. 그런 엄마는 고개 숙인 다 큰 자식들의 희끗희끗한 머리만 유심히 바라보셨다.

어느새 세월은 자식들 머리 위에 흰 둥지를 틀었는데, 엄마는 그 자식들의 흰머리를 바라보며 시간의 야속함을 못내 아쉬워하셨다. 그런 엄마의 얼굴을 쳐다보며 나는 푹 패이고 구불구불한 엄마의 눈가를 보았다. 그곳은 마치 메마르고 갈라진 겨울 땅 같았는데, 마른 고랑에 봄기운이 차오르고 있었다.

세상에서 가장 아름다운 영어 단어는 'mother'가 아닐까? '엄마'란 어떤 존재일까? 한 번 정도 생각해 본 적 있지 않은가?

"엄마를 잃어버린 지 일주일 째다"라는 문장으로 시작되는 신경숙 작가의 『엄마를 부탁해』가 불현듯 생각난다. 엄마는 새끼들에게는 생명줄 같은 존재다. 새끼가 먹을 것이 없으면 제 살을 내어주는 것이 어미다. 자기 자신보다는 자식을 위해 존재하는 것이 엄마다. 분명히 세상에 존재는 하는데 '없는 사람'이 엄마이지 않을까?

소설 속 엄마에게 '세상에서 제일 무서운 일은 쌀독이 비는 것'이다. 쌀독이 채워지는 어느 날, 엄마는 "자신의 어딘가를 비웠다"고 말한다. 엄마는 가족을 위해 쌀독을 채울 때마다 자신을 비워내는 삶을 사는 것이다. 자신을 비워야만 살아갈 수 있는 존재, 그게 엄마인 모양이다.

고등학교 때였다. 아버지는 조선소에서 용접을 하시다 눈을 크게 다쳐서 일 년 동안 쉬셔야 했다. 아버지가 그날그날 벌셔야 가족들이 겨우겨우 입에 풀칠이라도 할 수 있었는데, 일 년 동안 일하시지 못했으니 엄마의 가슴속은 빈 쌀독처럼 텅 비었을 것이다.

　그때부터 엄마는 돈이 되는 일은 뭐든 하셨다. 공사판에서 모래 나르기, 식당 허드렛일, 바닷가 쥐포 공장에서 생선 가죽 벗기는 일까지, 새끼들의 배를 채우기 위해 엄마는 그렇게 자신을 비워 나갔다. 새벽 바닷가에서 차디찬 바람을 온몸으로 맞으며 마른 빵으로 끼니를 때우던 엄마, 그때 나는 그런 엄마에게 왜 그리 화를 내고 투정 부렸는지 모르겠다.

　언젠가 회사 앞, 늦은 점심을 먹기 위해 칼국수 집에 들어갔는데 그곳에 '부모'라는 시가 걸려 있었다. 주인분에게 "직접 지은 시"냐고 물었더니, "아니라"고 했다. 그저 오래전부터 그 자리에 있었다고 했다. 그 시를 한 자 한 자 읽었다.

　'애완동물 병이 나면 가축병원 달려가도, 늙은 부모 병이 나면 그러려니 태연하고, 열 자식을 키운 부모 하나같이 키웠건만, 열 자식은 한 부모를 귀찮스레 여겨지네……. 제 자식이 장난치면 싱글벙글 웃으면서, 부모님이 훈계하면 듣기 싫은 표정이네……. 제 자식의 오줌똥은 맨손으로 주무르는데, 부모님의 기침 가래 불결하여 밥 못 먹네……."

부모는 세상에서 가장 큰 우산이다. 비바람을 막아주려고 내 머리 위를 받치고 있는 커다란 우산과 같다. 그 우산이 순식간에 거두어질 때 우리는 부모를 잃는 경험을 하게 된다. 그래서 우리는 누구나 고아가 되는 것이다.

엄마와 동생들과 음식을 나눠 먹고 돌아가신 아버지에 대한 이야기꽃을 피우다 보니 엄마의 메말랐던 눈 고랑이 금세 펴졌다. 엄마의 카톡 프로필 사진은 여전히 아버지와 함께한 사진이 올라와 있다. 엄마도 아버지가 꽤 보고 싶으신 모양이다. 다 아는 얘기, 했던 얘기를 또 하고 또 해도 그 옛날 가족 이야기는 지겹지 않다.

오순도순 이야기꽃이 만개하는 포구에 어둠이 점점 깊어갔다. 새벽의 여신 '에오스'는 이제 달빛을 밀어내고 포구의 아침을 열어줄 것이다. 썰물에 바다로 나갔던 어선은 밀물에 다시 포구로 찾아와 고단한 하루를 마칠 것이다. 태곳적부터 이곳에 밀물과 썰물이 들고나면서 생명을 내어준 것처럼, 인간의 '희로애락'도 슬픔의 썰물 뒤에는 기쁨의 밀물이 밀려온다는 자연의 섭리를 믿어 의심치 않는다.

5.

바람은 나무 '덕분에' 흔들리고,
파도는 바다 '덕분에' 숨 쉰다

명절 연휴, 사람들은 제각각 귀향의 사정을 차에 싣고 남쪽으로 내려갔다. 차창 너머로 보이는 벼는 고개를 숙였고, 바람은 낮게 깔렸다. 햇빛은 빠르게 쏟아졌는데, 그림자는 느릿하게 움직였다. 내 고향 남쪽 바다로 향하는 길에서 가다 멈추기를 반복했고, 도로 위의 차들은 느릿느릿 거북이걸음으로 운행했다.

시간이 얼마나 흘렀을까? 남쪽 바다가 가까워질 무렵, 바다 냄새가 차 안으로 스며들었고, 저 멀리 보이는 흰 파도는 길게 누워 있었다. 남쪽 바다…….

바다에서 부는 소금기를 한껏 머금은 바람은 언제나 추억을 소환한다. 물결이 부서지고 다시 일어서는데, 꼭 사람의 삶을 닮은 것만 같다. 한 세대가 떠나면 또 한 세대가 그 자리를 메우지만, 바다는 아무 일도 없었다는 듯 묵묵히 출렁이기만 한다. 문득 그 모습을 보며 이런 생각이 들었다.

'세상 일은 결국 누군가 '덕분에' 이어지는 게 아닐까?'

내가 이번에 고향을 즐겁고 기쁘게 다녀올 수 있었던 것도, 누군가의 손길과 땀 '덕분에' 가능했다.

고마운 동생이 있다. 이제는 함께 나이 들어가고 있지만, 동생이 없었다면 명절의 평온함과 온전한 휴식을 누리지 못했을 것이다. "오빠는 몸만 와." 언제나 좋은 먹거리와 구경거리를 챙겨주는 그 말 한마디에 고향으로 향하는 발걸음은 미안하게도 늘 가벼웠다. 나는 객지에서 산다는 이유로 부모님 곁을 자주 지키지 못했지만, 동생은 항상 일손을 멈추고 부모 곁을 지켰다. 동생의 수고와 정성 덕분에 부모님은 외롭지 않았고, 가족은 평온을 찾을 수 있었다. 바람은 나무 '덕분에' 흔들리고, 파도는 바다 '덕분에' 숨을 쉰다. 동생 '덕분에' 지금의 평안을 누리고 있다.

공자의 『논어』에는 이런 구절이 실려 있다.

"덕은 외롭지 않으니 반드시 이웃이 있다."

공자의 말처럼, 덕을 지닌 사람은 결코 홀로 있지 않는다. 그의 곁에는 언제나 마음을 나누는 누군가가 함께 있다. 누군가의 덕이 나를 있게 하고, 우리는 서로 이웃이 되어 따뜻한 세상을 만들어간다. 누군가에게 베푼 작은 선의가 다시 나를 살리고, 내가 받은 은혜가 또 다른 이에게 흘러간다. 세상은 그렇게 '덕분에'로 연결되고, 따뜻해진다.

지금보다 조금 젊을 때, 나는 "내가 잘해서"라는 말을 듣고 싶었다. 회사에서 인정받고 싶을 때, 모든 것이 내 노력의 결과라고 믿고 싶었다. 하지만 이 나이가 되어 보니 이제야 알게 되었다. 내가 혼자 이룬 것은 단 하나도 없다는 사실을. 누군가의 희생과 헌신 그리고 믿음이 내 삶의 바탕이 되어주었다는 것을 말이다. 내 삶의 이력은 함께 버텨준 동료와 조용히 힘을 보태 준 후배들 덕분에 가능했다. 내 능력 때문이 아니라, 누군가 '덕분에' 내가 빛날 수 있었다.

『삼국지』에서 유비는 "모든 것은 내 덕이 아니라, 벗들의 덕분이다"라며 관우와 장비에게 고개를 숙였다. 좋은 리더는 '덕분에'라는 말을 아끼지 않는다. 그 한마디가 관계를 세우고, 사람을 모으며, 조직의 근육을 단단하게 만들어가기 때문이다.

어느 여름날, 직장 후배에게 문자 한 통이 왔다.

"선배님, 그때 해주신 따뜻한 말씀 덕분에 지금 잘 버텨내고 있습니다."

기억조차 나지 않던 말 한마디가 그 후배의 삶을 지탱했다고 하니, 오히려 내가 더 고마웠다. '덕분에'라는 말은 듣는 사람뿐 아니라, 말하는 사람의 마음까지도 행복하게 만든다. 정말이지 '덕분에'는 참 고운 말이다.

우리네 인생은 누군가의 숨결과 손길 '덕분에' 살아갈 만하다. 부모님 '덕분에' 세상에 나왔고, 선생님 '덕분에' 글을 배웠으며, 친구 '덕분에' 웃었고, 선배 '덕분에' 배웠으며, 가족 '덕분에' 용기를 얻었다. 누군가 '덕분에' 살아왔고, 누군가 '덕분에' 내일을 위해 살려 한다.

이해인 수녀의 시 「고맙습니다」에는 이런 구절이 있다.

"내가 웃을 수 있는 건 당신 덕분입니다. 내 마음이 다시 푸르른 건 당신의 작은 미소 덕분입니다."

'덕분에'는 단순한 인사치레로 하는 말이 아니라, 우리의 관계를 더

끈끈하고 따뜻하게 이어주는 접속사다. 그러니 이렇게 말해 보자.

"오늘도, 덕분에 잘 지냈습니다. 고맙습니다."

그 한마디면 충분하다. 내 주변이 조금 따뜻해지고, 나의 하루가 온유해지며 겸손해질 테니까.

서울로 돌아오는 길, 벼가 고개를 숙이며 '덕분에'라고 인사하는 듯했다.

어둠이 도로 위를 덮었다. 차량 헤드라이트가 하나둘 켜지고, 서로의 삶을 비춰주는 등불처럼 빛났다. 우리는 서로 사랑하는 '덕분에' 알게 모르게 서로에게 빛이 되어간다. 한 사람의 인내가 가족을 지탱하고, 한 사람의 친절이 낯선 이의 하루를 구하기도 한다. 바람이 불고 물이 흐르듯이, 세상도 그렇게 '덕분에'의 이치로 돌아간다.

"당신 덕분에, 고향에 잘 다녀왔습니다."

6.
사랑하는 나의 딸아, 너는 나의 봄이란다

사진첩 깊숙한 곳에는 나를 살리는 문장 하나가 보물처럼 저장되어 있다. 몇 년 전 생일, 이제는 제법 어른의 눈빛을 갖게 된 큰딸아이가 보내온 짧은 메시지다.

"아빠의 청춘에 '우리'라는 꽃을 피워줘서 감사합니다."

그 문장을 처음 마주했던 날의 공기를 나는 여전히 생생하게 기억한다. 손에 쥔 휴대전화가 유난히 따뜻하게 느껴졌고, 세상엔 아무 일도 일어나지 않았건만 주변이 온통 환해지는 기분이었다. 그날, 내 마음에는 소리 없이 봄이 찾아왔다.

50대는 화려한 성취보다 견디고 버티는 일에 익숙해지는 나이다. 나이는 숫자에 불과하다지만, 솔직히 '청춘(靑春)'이라는 단어는 어느새 남의 옷처럼 어색해졌다. 거울 속의 나는 누군가의 아빠이자 부장

님, 혹은 회사라는 전쟁터에서 낡은 갑옷을 입고 서 있는 노병의 모습이다. 회식 자리에서는 오래 앉아 있는 것이 눈치 보이고, 혹여 '말 많은 꼰대'로 비치지는 않을까 쓸데없는 걱정이 앞서기도 한다. 조직의 중심이라기보다, 그 거대한 무게를 묵묵히 떠받치는 기둥에 가까운 위치다.

그런 나에게 딸아이는 '꽃을 피워낸 청춘'이라며 따뜻한 응원을 건네준 것이다.

나는 가끔 푸르렀던 20대와 치열했던 30대의 내가 어디로 흘러갔는지 생각에 잠기곤 한다. 눅눅한 야근의 불빛 아래서 녹초가 되어 돌아오고, 선배들과 마신 술에 취해 잠들었다가도 다음 날 아침이면 어김없이 몸을 일으키던 출근길. 자존심을 접고 생계를 위해 고개를 숙이던 수많은 순간들 속에서, 나의 청춘은 그저 소진되고 증발해 버린 것만 같았다.

꿈은 사치였고, 매달 통장에 찍히는 숫자가 삶의 유일한 성적표였던 시간들. 그렇게 나는 '나'를 잠시 미뤄두고 '가장'이라는 역할로 먼저 살아냈다. 하지만 딸의 그 한마디는 무너진 자존감을 다시 일으켜 세워주었다.

나의 청춘은 사라진 것이 아니었다. 그것은 마치 학창 시절 과학 시간에 배웠던 삼투압처럼, 나의 생에서 딸아이의 생으로, 더 낮은 곳에서 더 높은 곳으로 천천히 전이된 것이었다. 내가 미뤄두었던 꿈은 아이들의 넓은 선택지가 되었고, 내가 견뎌낸 고단함은 아이들의 단단한 자존감이 되었다.

　나는 청춘이라는 계절을 기꺼이 거름으로 바쳐 '가족'이라는 정원에 '우리'라는 꽃을 피워냈다. 그러니 지난날은 그저 흘러가 버린 시간이 아니라, 세상에서 가장 가치 있게 쓰인 투자였던 셈이다.

　그럼에도 아빠가 필요한 시기에 더 많이 놀아주지 못한 아쉬움, 강퍅했던 나날을 보내느라 따뜻한 말 한마디 건네지 못해 아이들이 입었을 상처를 생각하면 미안함이 앞선다. 이 글을 빌려 다시 한번 아이들에게 용서를 구하고 싶다.

　이제는 나보다 더 넓은 세상을 이야기하고 아빠의 어깨를 토닥일 줄 아는 딸들을 보며, 나는 더 이상 굽어가는 나의 뒷모습을 부끄러워하지 않는다. 중력의 힘을 거스르지 못하고 거울 속에서 흘러내리는 주름과 처진 어깨는, 내가 피워낸 꽃들이 비바람에 흔들리지 않도록 매일같이 갈아엎은 마음의 고랑이기 때문이다.

50대 직장인의 삶은 화려한 무대 위의 주인공보다는 보이지 않는 곳에서 무대를 지탱하는 스태프의 삶에 가깝다. 반복되는 루틴과 어깨를 누르는 책임감이 우리를 지치게 할지라도, 우리가 묵묵히 일궈낸 그 터전 위에서 누군가는 반드시 꽃을 피우고 향기를 낸다. 그 사실 하나만으로도, 50대의 삶은 충분히 문학적이며 숭고하다.

　"사랑하는 딸아. 네가 몇 년 전 무심코 던진 그 문장은 여전히 아빠를 살게 하는 동력이란다. 오늘도 아빠는 출근을 위해 문을 나서지만, 마음만은 세상에서 가장 아름다운 정원을 가꾸는 정원사처럼 평온하단다. 나의 청춘을 온전히 바쳐 너희라는 꽃을 피울 수 있었으니, 아빠의 인생은 그것만으로도 이미 만개한 봄이다. 지는 꽃을 슬퍼하기보다 맺힌 열매와 남은 향기에 감사하며, 아빠는 오늘도 기쁘게 나의 정원으로 걸어간다. 사랑하는 나의 딸아, 너는 나의 영원한 봄이란다."

7.
치매, 기억이 사라질수록
소중한 것들이 보인다

조선 시대 국왕 27명의 평균 사망 연령은 46.1세다. 가장 오래 장수한 임금은 여러분도 예상했듯이 바로 '영조'다. 영조는 82세까지 살았다. 하지만 전체 왕 중에 만 60세를 넘긴 왕은 20%도 채 안 된다. 오늘날 우리나라 평균수명이 약 82.7세(2022년)임을 감안하면, 지금처럼 의학이 발달하지 않은 시대에 영조는 꽤 오래 살았다. 그의 장수비결은 무엇일까?

기록에 따르면 영조는 재위 기간 52년 동안 7,284회(연평균 140회)나 진찰을 받았다. 특히 그는 하루 5식 대신 3식, 오후에 먹는 '오식'과 밤에 먹는 '야식'을 먹지 않았다. 또 수라상에 올라오는 반찬은 12첩이 기본이었지만 6첩 이상 올리지 말게 했고, 백반을 멀리하고 잡곡밥을 선호했으며, 무슨 일이 있어도 끼니를 거르지 않은 것이 영조의 장수비결이라는 기록이 남아 있다.

하지만 오래 산다고 해서 마냥 좋은 것은 아니다. 오늘날 우리나라 건강수명은 평균수명에 한참 미치지 못하고 있기 때문이다. KBS 보도에 따르면, 건강수명을 파악하기 시작한 2012년 한국인의 평균수명은 80.8세, 건강수명은 65.7세였다. 그런데 2020년 평균수명은 83.5세, 건강수명은 66.3세였다. 평균수명이 약 3세 늘어나는 동안 건강수명은 0.6세밖에 늘지 않았다.

그리고 소득수준에 따라 건강수명의 편차는 더 크다. 보건복지부의 2021년 자료에 따르면, 소득이 가장 높은 상위 20%의 경우 건강수명이 73.3세지만 소득이 낮은 하위 20%는 65.2세로 소득양극화가 '수명양극화'로 이어지고 있다. 이러한 사실은 노후에 병치레하는 기간이 점점 늘어나고, 삶의 질은 떨어진다는 것을 방증한다.

영화 〈벤허〉의 주연배우 찰턴 헤스턴, 〈형사 콜롬보〉의 피터 포크, 〈황야의 7인〉의 찰스 브론슨, 미국의 레이건 대통령, '철의 여인'으로 불렸던 영국의 대처 수상, 록펠러 가문의 안주인이며 뉴욕미술관장이던 블란쳇 록펠러, 이들의 공통점은 무엇일까? 말년에 치매와 알츠

하이머로 생을 마감했던 분들이다. 특히 록펠러 여사는 말년을 비참하게 보냈다. 그녀의 아들이자 미국 연방 상원의원이었던 제이 록펠러는 어머니를 이렇게 기억한다.

"저를 때렸어요. 아니면 점심과 저녁에 식판과 잡히는 물건을 제게 던졌죠. 그리고 오랜 시간 동안 제 이름을 기억하지 못했어요. 그건 매우 고통스러운 일이었어요. 어린아이였던 저는요……."

치매는 사람들이 가장 두려워하는 질병 중 하나다. 우리나라는 12분마다 한 명씩 치매환자가 발생하고, 현재 치매환자는 약 100만 명으로 추정된다. 치매는 노년층뿐만 아니라 청·장년층에서도 꾸준히 늘어나고 있다.

혹시 〈기억〉이라는 드라마를 본 적 있는가? 잘나가던 50대 로펌 변호사가 알츠하이머 진단을 받고, 남은 인생을 걸고 펼치는 마지막 자신의 변론기이자, 기억을 잃어가면서 끝내 지키고 싶은 삶의 소중한 가치와 가족애를 다루는 드라마다. 나는 이 드라마에서 알츠하이머 진단을 받은 주인공(50대)이 아내에게 지나온 삶을 고백하는 장면을 볼 때, 정체를 알 수 없는 묵직한 감정이 밀물처럼 밀려왔다. 그 장면의 대사는 이렇다.

"머리는 자꾸 기억을 지우는데 마음은 자꾸 기억을 떠올려. 잊지 말아야 할 기억은 머리가 지우고, 죽도록 잊고 싶었던 것은 마음이 기억해, 다친 곳은 머리인데 아픈 것은 왜 마음일까?"

순간순간 슬프고 기뻤던 삶의 기억들이 사라질수록 소중한 것들이 보이기 시작하고, 어두울 때 비로소 보이는 것들이 있다. 직장을 잃고 나면 밥벌이의 소중함을 알게 되고, 건강을 잃고 나서 몸이 소중한 재산임을 깨달으며, 이별을 하고 나서야 그만한 사람이 없었다는 사실을 뒤늦게 알게 된다.

생을 마칠 때까지 건강하면 좋겠지만 부득이 나에게 '치매'라는 질병이 소리 없이 다가온다면 이왕이면 '착한(예쁜) 치매'가 찾아오면 좋겠다. 기억은 사라져도 나는 여전히 살아가야 하니까.

우리 뇌는 인지를 담당하는 '전두엽'과 감정을 관리하는 '변연계'가 서로 연결되어 있다. '변연계'는 평상시 '전두엽'의 통제를 받지만 치매로 인해 '전두엽'과 '변연계'의 연결회로가 손상되면, 더 이상 '변연계'가 '전두엽'에 의해 통제되지 않는다. 뇌의 '변연계'는 감정을 관리하는 부위인데, 치매 환자라도 감정적인 경험은 잘 기억한다. 그래서 치매가 걸려도 '감정의 뇌'는 그대로이기 때문에 치매 환자에게 마음의 상처를 주면 '나쁜 치매'가 된다.

　국제치매학회에서 '40년 후 치매에 걸릴 확률을 계산하는 방법'을 발표한 적이 있다. 나이, 교육수준, 성별, 총콜레스테롤, 비만도, 수축기 혈압 등 6가지가 치매의 위험과 관련이 있다고 한다. 그런데 많은 학자들이 위의 6가지 요인보다 치매 발생에 더 큰 영향을 주는 요인을 밝혀냈는데, 그것은 바로 '성격'이다. 특히 '냉소적 성격'의 소유자는 치매에 걸릴 확률이 무려 3배가 높다고 한다.

　나는 날마다 책을 읽고 뇌를 자극하며 살아가고 있다. 훗날 내가 읽었던 단어와 문장들이 꼬리에 꼬리를 물고 살아 움직여 사라져 가는 기억들을 깨우고 감정의 세포들을 살려주리라 기대해 본다. 지금 읽는 문장들은 미래의 나에게 분명히 좋은 영향을 끼칠 것이다. 아름다운 문장을 읽으면, 아름다운 성격을 소유한 사람이 될 것이기 때문이다.

8.
걷다 보면 비로소 보이는 것들

    토요일 새벽, 맑고 서늘한 공기가 방 안을 삼킨다. 새벽 공기는 코 능선을 타고, 아직 덜 깬 세포들을 하나씩 깨운다. 거실에서 웅얼거리는 소리가 들린다. 어둠을 깨우는 커피 원두 분쇄기 소리, 아침을 여는 소리다. 까만 액체 한 모금은 짙은 어둠을 떨쳐낸다.

    오늘은 광화문까지 걷기로 했다. 작은 배낭에 과일과 물을 담고, 책 한 권을 넣었다. 세상에서 가장 가벼운 하루를 보내기로 했다.

    근처 수변(水邊)에 도착했다. 밤새 허리 숙이고 있던 이름 모를 풀들이 맑고 투명한 바람에 허리를 펴고 나를 반긴다.

    '우리 엄마 허리도 저 풀처럼 빨리 펴졌으면…….'

    자전거를 타는 사람, 뛰는 사람, 걷는 사람, 많이들 나오셨다. 걷다 보니 미처 떨구지 못한 잠이 확 달아났다. 언제부터 자리를 잡았을까? 내 몸속의 지방 덩어리가 위아래로 발버둥친다. 어제 마신 알코

올도 제 집 아닌 듯 서둘러 달아난다. 걷기는 내 몸을 구원하는 십자가요, 부적(符籍)이다.

'주말농장'이라는 이름이 '도시농업 체험장'으로 바뀌었다. 텃밭이 반듯하게 누워 있다. 텃밭 주인의 이름도 나란히 세워져 있다. 여기는 주말 텃밭 유치원이다.

서걱거리는 땅을 뚫고 쪽파가 살짝 얼굴을 내민다. 반쯤 허리를 내민 무도 보이고, 배추는 허리가 더 굵어졌다.

장미는 가을이 밉기만 하다. 머잖아 사라질 테지만 막바지 공연을 한다. 아직 물러날 때가 아니라고 생각한 것일까? 황화 코스모스는 장미를 밀어내고 가을의 주인공이 되었다. 물러날 때를 알고 기다리면 누구에게나 폼 나는 기회가 다시 올 것이다.

10㎞를 걸었다. 잠시 목을 축이고 김훈의 『풍경과 상처』를 읽었다.

"나는 모든 일출과 모든 일몰 앞에서 외로웠고 뼈마디가 쑤셨다. 나에게 풍경은 상처를 경유해서 해석하고 인지된다. 풍경은 밖에 있고, 상처는 내 속에서 살아간다. 모든 풍경은 상처의 풍경일 뿐이다."

김훈은 초로(初老)의 나이에 꽤 외로웠던 모양이다. 모든 풍경이 상처를 경유해서만 해석되고 인지된다고 했는데, 초로의 가을날에 상처라는 말은 솔직히 어색하고 남세스럽다.

수변(水邊)을 뒤로하고 자동차도로로 진입한다. 자동차와 사람들의 간격은 헐겁고 한산하다. 정치인들이 민생을 외치는데, 하나 마나 한 구호들로 요란하다. 정치의 실종과 부재를 안타까워하는 정치평론가도 있지만 정치의 부재가 오히려 정치를 살리는 것이 아닐까? 하나 마나 한 얘기들을 흘려버리며 다시 걷는다.

청계천을 거슬러 올라간다. 강아지풀이 흐드러지게 늘어져 있다. 왜? 강아지풀이지? 검색엔진을 가동한다. '개꼬리풀이라고도 하며, 한자로는 구미초(狗尾草)라고 한다'라고 나와 있다. 그러고 보니 정말 개꼬리처럼 늘어져 있기도 하고, 살랑살랑 꼬리를 흔들며 반기는 것도 같다. 꽃말은 누가 짓는 것일까? 나는 내 이름처럼 살아가고 있는 것일까?

상류로 올라갈수록 물길은 빨라지고, 바람에 실려 날아온 물비린내가 내 코끝에 와닿는다. 검녹색이끼는 하류와 상류를 구분 짓고 징검다리는 청계천의 과거와 현재를 이어준다.

청계고가도로는 1971년에 개통되었지만 노후화와 안전문제로 2003년에 철거되었다. 청계천을 복원하기 위해 교각 3개를 철거하지 않고 남겨두었는데, 그것이 '하늘물터'다. 아픔과 슬픔 그리고 그리움이 깃든 이름이다.

뜬금없이 (천안)능수버들이 나를 부른다. 머리를 풀어헤치고 고개 푹 숙이고 있다.

허리 굽은 어머니와 아들이 앞서 걸어간다. 무슨 이야기를 하느라 그리 재미날까? 어머니의 웃음이 참 좋아 보인다. 궁금해서 천천히 따라 걷는다. 어머님은 옛날에 청계천에 사셨다는데, 그 시절 얘기를 아들에게 들려준다. 그때의 추억을 소환하여 이야기보따리를 푸시는 어머님의 기운이 펄펄 넘친다.

추억을 되새기면 그때의 순간을 곱씹는 것뿐 아니라 행복과 그리움을 만끽하게 해준다. 어머니와 아들 그리고 그들의 대화를 엿듣는 나까지 참으로 많은 생기와 온기까지 덤으로 누릴 수 있었다.

'장통교' 옆 벽면에 1795년 정조가 어머니 혜경궁 홍씨의 회갑을 맞아 화성을 행차하는 것을 그린 반차도(班次圖)를 타일로 옮겨 놓은 작품이 설치되어 있다. 반차도는 왕실 행사의 주요 장면을 그림으로 표현한 것이다. 행렬이 끝없이 이어지는 그림을 보노라니, 악대의 비파소리가 수백 년의 시간의 벽을 뚫고 귀에 닿을 듯하다. 임금을 지키는 호위병, 궁중 상궁과 나인들 그리고 내시의 어깨 자락이 가벼워 보인다.

가을을 누리는 사람들의 발걸음은 가볍다. 한 아이가 아빠에게 반차도를 가리키며 왕이 어디 있냐고 묻는다. 아빠가 곤란해한다. 참고로 '정조대왕능행반차도'에는 왕을 그려 넣지 않았다.

멀리 광화문이 보인다. 나는 오늘도 걷는 사람이다.

9.

굽은 등 위로 흐르는 시간,
아버지라는 이름의 계절

　어느덧 2026년이다. 한 시대를 풍미했던 드라마 〈가족끼리 왜 이
래〉가 세상을 울린 지도 벌써 십 년이 훌쩍 지났다. 세월은 강물처
럼 흘러 강산도 변한다는 시간이 지났지만, 그 시절 아버지가 우리
에게 건넸던 서툴고도 뜨거운 질문들은 여전히 우리 곁에 남아 낮
게 흐른다.

　우리는 늘 '행운'이라는 이름의 네잎클로버를 찾기 위해 고개를 숙
인 채 길을 걷는다. 더 높은 지위, 더 많은 연봉, 남들에게 자랑할 만
한 신분 상승이라는 행운을 쥐기 위해 밭을 헤맨다. 하지만 그 걸음
밑에서 속절없이 짓밟히는 것은 언제나 '행복'이라는 이름을 가진 세
잎클로버였다. 드라마 속 삼 남매가 그랬듯, 우리 또한 가장 가까운

곳에 피어 있는 가족이라는 평범한 행복을 뭉개버린 뒤에야 비로소 그 향기를 그리워하곤 한다.

차순봉 아버지가 작성했던 '버킷 리스트'는 사실 얼마나 소박하고도 시린 것이었나. 아침 식사를 같이하고, 하루에 한 번 안부 전화를 거는 것, 그것은 대단한 성공을 바라는 욕심이 아니라, 자식의 하루 속에 자신의 자리가 아주 조금이라도 남아 있기를 바라는 아버지의 절박한 구애였다. 십 년이 지난 지금, 인공지능이 일상을 대신하고 모든 것이 디지털로 연결된 2026년에도 부모님이 진정으로 원하는 것은 '스마트한 편리함'이 아닌, 수화기 너머로 들려오는 자식의 숨소리와 투박한 말 한마디라는 진리는 변하지 않았다.

그가 던진 '불효 소송'이라는 파격적인 회초리는 또 어떠했나. 그것은 자식을 향한 미움이 아니라, 감사함을 가르치지 못한 자신에 대한 통렬한 반성문이었다. "자식들의 머리는 너무 굵어졌고, 나는 너무 초라하여 손에 힘이 없다"던 그 고백은 이 시대 모든 부모의 고독을 대변한다. 우리는 부모의 사랑을 당연한 권리로 여겼고, 그들의 희생을 마치 자연의 섭리인 양 무심히 받아들였다. 아버지는 법의 힘을 빌려서라도 자식들이 인생의 끝에서 후회하지 않기를, '감사'라는 마지막 수업을 마치기를 원했던 것이다.

가수 오기택의 노래처럼 '아빠의 청춘'은 자식들의 성장을 위한 거름이 되어 소리 없이 녹아내렸다. 아버지의 등은 굽어갔지만, 그 굽은 선은 사실 우리를 품어 안기 위해 만들어진 세상에서 가장 따뜻한 곡선이었다.

2026년의 오늘, 우리는 여전히 바쁘게 살고 세상은 십 년 전보다 더 빠르게 돌아간다. 하지만 잠시 멈춰 서서 스마트폰 속 '아버지'라는 이름을 가만히 들여다보자. 아버지는 자식의 목소리를 듣는 것만으로도 깊게 패인 주름을 펴고, 휘어진 허리를 곧추세운다. "고맙습니다, 그리고 사랑합니다." 십 년 전 차순봉 아버지가 듣고 싶어 했던 그 한마디는, 지금도 우리 곁에서 누군가의 위로가 되길 기다리고 있다.

기억하자. 아버지는 우리가 내뱉는 따뜻한 말 한마디를 먹고 사는, 이 세상에서 가장 외롭고도 강인한 존재라는 것을.

10.
자식에게 남길 수 있는 가장 오래 남는 사랑

우리는 늘 아이를 바라보았다. 학교 앞에서, 학원 건물 앞에서, 늦은 밤 불이 켜진 방 앞에서, 아이가 넘어질까 봐, 뒤처질까 봐, 남들보다 한발 늦을까 봐, 부모는 언제나 아이를 지켜본다. 그렇게 아이를 바라보는 시간은 어느새 우리 일상생활의 대부분을 차지하게 되었다. 출근길보다 아이의 등굣길을 더 많이 떠올리며 살았고, 야근의 피로보다 아이의 앞날을 먼저 걱정하는 날들을 보냈다.

50대가 되면 문득 이런 생각이 스친다. 나는 언제부터 내 인생을 이렇게 조심스럽게 뒤로 미뤄두고 살았을까? 월급 명세서를 펼쳐보면 먼저 빠져나가는 것은 늘 아이의 학원비였고, 통장에 남은 숫자들로는 내 노후를 상상하기가 쉽지 않았다. 그래도 괜찮다고 스스로를 설득했다. 자식만 잘되면 된다고, 그게 부모의 역할이라고 믿었다.

하지만 어느 순간부터 마음 한구석이 서늘해졌다. 아이를 뒷바라지해야 할 날이 아직 많이 남았는데 내 몸은 예전 같지 않고, 회사에서는 후배들의 눈치가 보인다. 퇴직이라는 단어가 단지 뉴스가 아니라 내 이야기처럼 들리기 시작할 즈음, 아이의 미래를 위해 준비해 온 시간들이 혹시 내 미래를 비워낸 것은 아닐까 하는 걱정이 조심스럽게 고개를 든다.

우리가 자라던 시절에는 '부모 봉양'이라는 말이 자연스러운 약속처럼 존재했다. 부모가 자식을 키우면, 자식이 부모의 노후를 책임지는 구조였다. 그래서 자녀 교육은 투자였고, 노후는 언젠가 해결될 일처럼 뒤로 미뤄두어도 괜찮았다.

하지만 지금의 현실은 다르다. 아이들 스스로 자기 삶을 지켜내기 벅찬 시대를 살고 있다. 그런 아이들에게 언젠가 나의 노후까지 기대어야 한다면, 그건 사랑이 아니라 짐이 된다.

부모가 된다는 건, 결국 아이의 인생에서 짐이 되지 않는 어른이 되는 일인지도 모른다. 아이가 자신의 삶을 살아가면서도 부모 걱정을 하지 않게 해주는 것, 부모의 병원비 걱정을 하지 않게 해주는 것, 명절이 다가올 때 용돈 봉투를 계산하지 않게 해주는 것, 그것이 요즘 시대에 부모가 자식에게 줄 수 있는 가장 큰 배려다.

물론 쉽지는 않다. 아이에게 무언가를 해주지 않으면 마음이 쓰이고, 조금 덜 해주면 혹시 뒤처지지 않을까 불안하기 때문이다. 그러나 모든 것을 대신해 주는 사랑은, 아이의 삶에서 스스로 버틸 힘을 키울 기회를 앗아가기도 한다. 사람은 누구나 부족함을 느끼고, 좌절하고, 다시 일어나는 과정에서 스스로 성장한다. 그 과정은 누구도 대신 해줄 수 없다. 그 시간을 건너며 아이는 비로소 자기 인생의 주인이 된다.

이제는 사랑의 방향을 조금 바꿀 때다. 아이에게 더 주기 위해 나를 비워내는 방식이 아니라, 우리 자신의 노후를 스스로 책임져서 아이가 안심하고 떠날 수 있도록 하는 방식으로 바꿔야 한다. 연금 통장을 들여다보고, 보험과 자산을 점검하고, 건강검진 일정을 챙기는 일은 결코 이기적인 선택이 아니다. 그것은 부모로서 감당해야 할 마지막 책임에 가깝다.

50대의 부모가 자신의 삶을 당당하게 살아가는 모습은, 어떤 말보다 강력한 메시지가 된다. 은퇴 후에도 하루를 계획하고, 몸을 움직이고, 배우는 일을 멈추지 않는 부모의 뒷모습은 말없이 전해진다.

"나는 괜찮다"라는 담담한 한마디가, 아이에게는 평생을 지탱하는 위안이 된다. "너를 위해 모든 것을 포기했다"는 말보다, '나는 내 삶을 잘살고 있다'는 메시지를 건네야 아이를 더 자유롭게 한다.

자녀를 향한 사랑은 줄이지 않아도 된다. 다만 그 사랑이 나 자신을 소진시키는 방식이어서는 안 된다. 진정한 뒷바라지는 아이의 앞길에 꽃을 뿌려주는 일이 아니다. 아이가 길을 가다 뒤돌아봤을 때, 흔들림 없이 서 있는 부모의 모습을 보여주어야 한다.

50대, 노후를 준비하기에 결코 늦은 시기가 아니다. 지금부터라도 노후를 준비하면 나 자신 그리고 아이에게 큰 선물을 안길 것이다. 당당하게 늙어갈 준비를 하는 것, 그것이야말로 우리가 자식에게 남길 수 있는 가장 오래 남는 사랑이다.

나는 마음을
파는 장사꾼
입니다

제**4**부
———
인문학적 통찰과
삶의 지혜

1.

그리스로마 신화에서 삶의 지혜를 발견하자

『그리스로마 신화』에는 많은 신들과 영웅들이 등장한다. 신들이 가진 놀라운 능력과 그들이 벌이는 기상천외한 활약들을 엿보는 재미도 쏠쏠하지만 지상에서 살아가는 인간들 사이에 수많은 갈등과 현상이 왜 일어나는지에 대한 해답을 제시하기에, 『그리스로마 신화』는 동서고금(東西古今) 모든 이들의 필독서다. 역사가 현재를 비추는 거울이라면 신화는 인간의 삶을 비춰주는 거울인 셈이다. 신화에 등장하는 인물을 통해 "인간은 어떤 삶을 살아야 할 것인가?"라는 물음에 대한 해답을 발견할 수 있다.

"인간은 어떤 삶을 살아야 할 것인가?", 나는 이 질문에 세 가지 대답을 하고 싶다.

첫째, '야누스'의 두 얼굴을 가져라.

'야누스'라는 이름은 한 번쯤 들어보았을 것이다. 여러분은 '야누스'라고 하면 어떤 이미지가 떠오르는가? 아마도 대부분 부정적인 이미지가 먼저 떠오를 것이다. 야누스는 정면과 뒤통수에 두 얼굴을 가지고 있기 때문이다. "저 사람은 두 얼굴을 가졌어"라고 말한다면, 좋은 의미로 하는 말은 아니다. '지킬 박사와 하이드'처럼 속과 겉이 다른 인물을 얘기할 때도 '야누스'를 언급한다.

야누스는 부정적인 의미로 인식되고 있지만, 사실은 그렇지 않다. '야누스'는 라틴어 '야누아리우스(Januarius)'에서 유래한 말인데, '과거와 미래를 동시에 여는 달'이라는 뜻을 지니고 있다. 1월을 제뉴어리(January)라고 하는 것처럼 로마에서 야누스는 모든 시작을 의미하는 '문의 신'이기도 하다.

야누스의 아내인 '카르나'는 님페(신화 속 하급 요정 또는 하급 여신)였는데, 그 여신은 구혼자들이 오면 승낙하는 척하면서 몰래 달아나 구혼자들을 늘 허탕 치게 만들었다. 하지만 야누스는 정면과 뒤통수에 얼굴이 있으니 카르나가 달아날 때 금방 알아차릴 수 있었다. 그래서 카르나를 아내로 맞이했다.

야누스를 통해 "인간은 어떤 삶을 살아야 할 것인가?"라는 물음에 어떤 답을 내놓을 수 있을까? 뒤통수의 얼굴은 과거를, 정면의 얼굴은 미래를 바라본다. 뒤돌아보지 않고 앞으로만 나아가는 사람은 실패하기 쉽다. 앞으로 나아가되 뒤돌아보는 사람은 어떤 일도 실패하지 않을 것이다. 야누스는 결국 카르나를 아내로 맞이했고, 그녀는 '경첩의 신'이 되었다. '문의 신'인 야누스와 '경첩의 신'인 카르나가 부부가 되었으니, 정말 찰떡궁합이다.

　둘째, '프로크루스테스의 침대'에 눕지 말라.

　그리스로마 신화에는 '프로크루스테스'라는 인물이 등장한다. 이 사람의 집에는 철로 만든 침대가 있는데, 지나가는 행인을 붙잡아 자신의 침대에 눕힌다. 행인의 키가 침대보다 크면 그만큼 잘라내고, 행인의 키가 침대보다 작으면 억지로 침대 길이에 맞추려고 몸을 잡아당겨 죽였다. 무시무시하지 않는가?

　'프로크루스테스의 침대'는 '융통성 없이 자기 생각에 맞추어 남의 생각을 뜯어고치고 재단하여, 남에게 해를 끼치면서 자신의 주장을 굽히지 않는 행위'를 의미한다.

　그리스로마 신화에는 자신의 틀만 고집해 갈등을 일으키는 사건들이 많이 벌어진다. 태초에 하늘의 신이었던 '우라노스'는 대지의 신 '가이아'를 누르고 세상의 꼭대기를 차지했다. 우라노스는 자식들이 태어나는 것을 싫어했는데, 자식들이 자신을 밀어내고 권력을 빼앗을까 두려워 자식들을 아내의 자궁 속에 가두어 버렸다.

우라노스의 마지막 자식이었던 '크로노스'는 아버지의 독재적 행동에 저항해 결국 아버지를 거세하고 죽였다. 하지만 그 역시 아버지가 그랬던 것처럼 자식들에게 권력을 빼앗길 것을 염려해 자식이 태어날 때마다 집어삼켰다. 무섭지 않은가? 그리고 좀 황당무계한 사건으로 보이지는 않는가? 하지만 신화는 우리에게 삶의 지혜를 가르쳐준다. 우라노스와 크로노스 이야기는 '자신만의 기준과 고정관념이라는 틀에 새로운 세대를 가두려는 기존 세대의 문제점'을 여실히 보여준다.

나는 '프로크루스테스의 침대' 이야기를 접하고 나서, 그동안 내가 만든 침대의 틀에 맞춰 자식과 동료, 후배들을 대하지는 않았는지 곰곰이 생각해 보았다. 아테네의 영웅 '테세우스'가 그랬던 것처럼 우리는 그 침대의 틀을 깨고 괴물을 물리쳐야 한다.

셋째, '이카로스'의 추락하는 날개를 기억하라.

그리스로마 신화에는 '이카로스'라는 청년이 나온다. 이카로스는 '다이달로스'라는 인물의 아들이다. 다이달로스는 천재 건축가였고, 크레타 섬의 궁정 목수였다. 크레타 섬에는 몸은 인간이지만 머리는 황소인 괴물이 살았는데, 이 섬의 왕은 다이달로스에게 괴물을 가둘 감옥을 만들라고 지시했다. 그것이 바로 '미궁'이다.

하지만 이카로스와 다이달로스는 오히려 미궁에 갇히게 되는데, 그곳에서 다이달로스는 새의 깃털을 모아 날개를 만들어 미궁의 높은 벽 위로 날아가 탈출한다. 다이달로스는 아들이 미궁을 탈출하기 전에 이렇게 경고한다.

"공중을 날아갈 때 중간을 잘 유지해서 날아야 한다. 너무 낮게 날면 날개가 물을 먹어서 무거워지고, 너무 높이 날면 태양열을 받아 불에 타버린다. 이걸 꼭 명심해라."

하지만 이카로스는 시간이 점점 지나면서 나는 것에 익숙해졌고, 사람들이 새처럼 날고 있는 자신을 보면서 감탄하자 아버지의 말을 까맣게 잊고 말았다. 그리고 더 높이 날다가 태양에 가까워지자 뜨거운 태양열에 그의 날개가 타버려 바다로 빠져 버렸다.

우리가 가지고 있는 명예와 지위, 돈과 권력은 이카로스의 날개와 같다. 이러한 것들에 익숙해져 취해 있다면 이카로스처럼 추락할 수 있다. 이와 비슷한 이야기가 그리스로마 신화에 등장한다. 태양의 신 '헬리오스'의 아들 '파에톤'이 태양의 마차를 타다가 추락하는 이야기다. 두 이야기는 능력에 어울리지 않는 욕망은 치명적인 추락으로 이어질 수 있다는 교훈을 건네고 있다.

2.

나는 행복한 시지프입니다

카뮈는 『시지프의 신화』, 『페스트』 등에서 '나는 누구이고, 나는 무엇을 해야 하는가?'라는 질문을 던지며, 인간의 존재 이유에 대해서도 말했다. 인간은 태어난 이상 자신의 삶을 스스로 선택할 수밖에 없으며, 그 선택의 자유를 통해 자신의 미래를 만들어가는 존재다.

오십이 넘어서야 나는 비로소 조금씩 깨닫기 시작하는 것이 있다. '더 높이 더 멀리 날려고 하지 말자. 너무 애쓰지도 말자'이다. 잘 먹고 잘사는 것, '부'와 '행복'이 반드시 일치하는 것은 아니다. 이렇게 말하면 누군가는 패배자의 구차한 변명이고 비겁한 타협이라고 말하겠지만 이 책을 읽는 여러분은 그렇게 말하지 않을 거라고 믿어 의심치 않는다.

오십이 넘으면 누구나 철학자가 되고 문학도와 예술가가 된다. 농부가 되어 자연을 통해 삶의 이치를 깨닫고, 누군가는 내 안에 숨어 있던 또 다른 나를 불러내어 작가가 되기도 하며, 어떤 이는 희로애락을 원고로 토해낸다. 내가 살고 싶었던 삶이 "바로 이거였지!" 하면서 말이다.

솔직히, 그동안 내 주변의 평범한 것들, 그러니까 우연한 삶의 연속에서 눈에 띄지 않았던 것들에 내가 조금 더 관심을 가졌더라면 또 다른 길을 가지는 않았을까 싶다. 나는 왜 좀 더 빨리 진짜 나를 발견하지 못했을까? 무엇이 나를 가로막고 있었을까? 자문한다.

연극배우들은 다양한 배역을 소화한다. 어떤 무대에서는 '장발장'이 되었다가 '자베르'가 되기도 하며, '젊은이'가 되기도 하고 '노인'이 되기도 한다. 그러나 공연이 끝나면 그는 언제나 본래의 '나'로 돌아온다.

나는 그동안 무대 위의 연극배우처럼 살아왔다. 어쩌면 아무도 지켜보지 않는 공연을 하며 살아왔는지도 모른다. 매일매일 다른 배역을 맡으려 애썼고, 조금 더 성장하고자 했던 지난날의 조급함과 교만이 오히려 나의 성장을 가로막고 있었다.

쇼펜하우어는 "삶이란 욕망과 권태를 오가는 시계추와 같다"고 말했다. 돌이켜 보면 나는 욕망이 채워지지 않으면 결핍감에 사로잡혀 불안했고, 욕망이 채워지면 또 다른 권태감이 밀려와 불안했다. 끊임없이 '결핍'과 '권태'에 얽매어 사느라 일상에서 행복과 기쁨을 느끼지 못했다.

『시지프의 신화』에서 '시지프'는 매일매일 바위산으로 돌을 밀어 올려야 하는 형벌을 받았다. 힘들게 굴려 올린 바위가 다시 굴러떨어지면 또다시 굴려 올려야 하는 반복되는 삶을 살지만 그는 나름 행복하다. 그는 '이번에는 돌이 굴러떨어지지 않을 수 있겠다'라는 쓸데없는 희망은 품지 않는다. 그저 묵묵히 오늘도 돌을 굴려 올린다. 하루하루의 행동이나 생활에 최선을 다하여 만족하는 것이다.

지금은 내 삶을 좀 더 윤택하고 밀도 있게 만들어주는 것들이 내 주변에 어느 곳이든 숨어 있다고 생각한다. 내게 주어진 하루하루를 성스럽게 만들어가는 그것, 시지프가 매일매일 가졌던 그 마음가짐이 있기 때문이 아닐까?

『시지프의 신화』에서 내 삶에 이정표가 되어주는 문장을 발견했다.

"산정(山頂)을 향한 투쟁 그 자체가 인간의 마음을 가득 채우기에 충분하다. 행복한 시지프를 마음속에 그려보지 않으면 안 된다."

삶이 나를 힘들게 하는 것은 원하는 것을 얻지 못해서가 아니라, 원하는 마음을 내려놓지 못하기 때문이다. 오히려 목적 있는 삶이 나의 성장을 가로막았고, 그것이 나를 힘들게 한 것은 아이러니다. 나는 이제 목적 없는 삶을 살고자 한다. 김영민의 『인생의 허무를 어떻게 할 것인가』에서 이런 문장을 발견했다.

"나는 오랫동안 목적 없는 삶을 원해 왔다. 왜냐하면 나는 목적보다는 삶을 원하므로, 목적을 위해 삶을 희생하기 싫으므로 목적은 결국 삶을 배신하기 마련이므로 나는 목적이 없어도 되는 삶을 원한다. 나는 삶을 살고 싶지, 삶이란 과제를 수행하고 싶지 않기 때문이다."

돌이켜보면 직장이라는 공간에서 내가 자꾸 작아지고, 다른 사람의 삶이 더 신경 쓰이고 부러울 때가 있었다. 그 공간에서 나는 부조리(나의 인식과 현실의 차이)한 삶에 대해 저항하지 못했고, 그저 흘러가는 시간을 바라보기만 했다.

처음 질문으로 돌아가서, '내가 좀 더 일찍 나에게 관심을 가졌더라면 또 다른 길을 가지는 않았을까?'라는 자문에 역사학자 유발 하라리는 이렇게 말한다. "어쩌면 일어났을지 모르는 공상을 하는 대신 지금 이 순간을 잘사는 것"이 중요하다고.

『큰 바위 얼굴』은 우리가 학교에 다닐 때 교과서에 수록된 작품이니, 잘들 기억할 것이다. 주인공 '어니스트'는 어머니로부터 언젠가 이 마을 출신 중에 큰 바위 얼굴을 닮은 위대한 인물이 등장할 것이라는 전설을 전해 들었다. 어니스트는 노년에 이르기까지 그 인물을 찾지 못했다. 하지만 어느 시인이 어니스트의 설교를 듣고 '어니스트'가 바로 '큰 바위 얼굴'과 똑같다고 얘기한다.

지금 이 순간, 내가 할 일을 묵묵히 실천하고 하루하루의 생활에 충실할 때 나는 '행복한 시지프'가 되고 '큰 바위 얼굴'로 변해갈 것이라 믿어 의심치 않는다.

3.

나에게는 어떤 '떨림'이 있고,
사람들에게 어떤 '울림'을 주는가?

지난달 고등학교 동창모임에서 친구가 내게 말했다.

"친구야! 넌 너의 브랜드를 잘 만들어가고 있는 것 같아."

친구가 생각하는 나의 브랜드는 무엇일까? 나는 4년 전부터 신문 지면(紙面)에 50대의 삶과 고민을 담은 글을 연재하고, 더 나아가 강연도 하고 있다. 그런 내 모습을 보며 격려의 말을 해준 것이다.

나는 직장동료들에게 자격지심(自激之心)과 열등감을 느낀 적이 있었다. 나 자신을 동료와 비교하고, 또 비교당하면서 점점 소극적인 사람이 되어갔기 때문이다. 나는 존재하고 있어도 보이지 않은 사람이 되어갔다.

이러한 상황을 만회해 보고자 스스로를 과장하고 포장하는 일에 몰두했다. 더 높은 곳에 올라가기 위한 사다리도 찾아 헤맸다. 하지만 씁쓰름했다. 즐겁지 않은데 웃어야 했고, 슬프지 않은데 슬픈 척하는 내 모습이, 우스꽝스러운 옷을 입고 무대에서 공연하는 삐에로 같았다.

그런 나에게, 물리학자 김범준 교수의 『보이지 않아도 존재하고 있습니다』가 크나큰 위로를 건넸다. "티끌같이 사소해도 천금같이 소중하다"는 문장이 헛된 욕심과 욕망으로 가득한 내 가슴을 달랬고, 울림으로 다가왔다. 책의 내용을 소개해 본다.

세상 모든 것은 원자로 구성되어 있다. 작은 원자핵을 전자가 멀리서 감싸고 있는데, 원자는 허공과 다름없는 것이다. 허공과 다름없는 원자들이 모여 인간이 되고, 인간세계 바깥의 우주도 허공이라서 허공 가운데 인간은 하나의 작은 점에 불과할 뿐이다. 작은 점과 점, 우연과 우연, 작고 보잘것없는 것들이 서로 모여 참 인연을 이어간다. 책의 이런 내용이 큰 위로가 되었다.

물리학자 김상욱 교수는 어느 방송에서 이렇게 말했다.

"사실, 물체를 이루는 원자의 수준으로 내려가면 전자 같은 기본입자들은 서로 구분하기조차 힘들 만큼 완전히 똑같습니다. 우리가 보는 물질은 그 자체로 실체가 아니라 그 뒤에 숨어 있는 형상의 결과물에 불과한 것이에요.”

보이는 것이 전부가 아니라는 말이다. 뼈끝까지 문과형 인간인 내가 물리학자들의 책과 이야기를 듣고 위로를 받을지는 꿈에서도 생각하지 못했다. 겉모습만 보면 세상에 존재하는 모든 것들과 그들의 본질은 눈에 잘 띄지 않는다. 내 주위의 소중한 사람들 그리고 나의 존재 역시 애정 어린 마음과 따뜻한 시선으로 바라보아야 비로소 그 실체가 보인다는 것을 알게 되었다.

또 다른 좋은 말들도 소개하고 싶다.

황현산은 『밤이 선생이다』에서 “삶을 깊이 있고 윤택하게 만들어 주는 요소들은 우리가 마음을 쏟기만 하면 우리 주변 어디에나 숨어 있습니다”라고 말했다.

니체는 “있는 것은 아무것도 버릴 것이 없으며, 없어도 좋을 것이란 없다”고 말했다. 니체는 내 존재의 의미를 디오니스적 긍정의 철학으로 나를 다독여 주었다.

‘디오니소스’는 그리스 신화에 등장하는 포도주의 신이고, 모든 식물의 생육을 다스리는 신이다. ‘디오니소스’의 로마식 이름은 ‘바쿠스’

인데, '싹'을 뜻하기도 한다. 한 알의 씨는 땅속에 묻혀 긴 겨울을 나고 봄이면 생명을 피운다. 그리고 꽃이 피고 열매를 맺은 뒤 다시 흙속으로 돌아가는 이 평범함 속에 비범함이 깃들어 있다는 것을 깨닫는 데 솔직히 오랜 시간이 걸렸다. '나'라는 존재 역시 자연의 한 씨앗이다. 하나의 씨앗으로 태어나 하나의 생을 살고 다시 흙으로 돌아가는 것이다.

육체는 죽음을 통해 먼지가 되어 사라지지만 원자론의 관점에서 보자면 죽음은 단지 원자들이 흩어지는 일일 것이다. 원자는 불멸하므로 인간의 탄생과 죽음은 단지 원자들이 모였다가 흩어지는 것과 다르지 않다고 생각하니, 살아가면서 서로 경쟁하는 데 집착하는 것이 무슨 소용인가 싶었다. 그저 겸손히 생육을 다스리는 디오니소스적 긍정의 삶을 받아들이며 사는 것도 그리 나쁘지 않을 것 같았다.

『떨림과 울림』이라는 책에서 "우주는 '떨림'"이라고 했다. 소리에도 떨림이 있고, 빛에도 떨림이 있고, 우리가 사는 세상에는 눈에 보이지는 않지만 온갖 떨림으로 가득하다. 그리고 삶의 현장에 존재하는 수많은 우연과 우연, 점과 점, 이 세상에 존재하는 모든 것들에는 떨림이 있다. 이러한 '떨림'에 인간은 '울림'으로 반응한다.

　나에게는 어떤 '떨림'이 있고, 사람들에게 어떤 '울림'을 주는가? 나는 책을 읽고 글을 쓰면서 나의 존재, 즉 '떨림'을 확인한다. 내가 쓴 글들이 누군가에게 '울림'이 되어주기를 바라면서..

4.
'메디치 가문'에게 배우는 50대 리더십

메디치 가문, 한 번쯤은 들어보았을 것이다. 이탈리아 피렌체에서 무려 350년(1400~1748) 동안 도시를 이끌며 르네상스 문화를 꽃피우고 교황과 프랑스왕비를 배출한 명문 가문이었다. 그런데 이들은 단지 돈이 많고 권력이 있어서 성공한 건 아니었다. 메디치 가문이 명문 가문으로 성장하게 된 데에는 탁월한 리더십이 있었다.

메디치 가문의 리더십을 이야기할 때 빼놓을 수 없는 첫 번째 인물은 국부(國父) '코시모 데 메디치(Cosimo de' Medici, 1389~1464)'다. 그는 가문의 첫 전성기를 연 인물이다. 아버지 '조반니'로부터 메디치은행을 물려받고 금융업을 통해 피렌체를 움직이는 지도자로 떠올랐다. 하지만 그는 시민의 한 사람으로 행동하며, 겉으로는 공직을 맡지 않았다. "우리는 피렌체의 군주가 아니라, 가장 신뢰받는 시민

일 뿐"이라며 겸손한 태도를 유지했다.

　그는 막대한 자금력과 네트워크를 통해 공화정 내부의 실권자로 군림했는데, 특히 피렌체뿐 아니라 로마 교황청의 자금을 관리하며 부를 축적하고, 그 부를 바탕으로 시민 구제, 세금 탕감 등을 통해 광범위한 지지를 얻었다.

　그는 권력을 겉으로 드러내기보다는 '조율자'이자 '후원자'의 역할을 맡았다. 정적(政敵)인 '알비치 가문'과의 권력 다툼에서도 무력충돌보다는 경제·정치적 연합과 외교적 협상을 통해 승리했다. 한마디로 그의 리더십은 겸손한 조정자의 모습을 보였고, 말보다는 행동으로 이끄는 '보이지 않는 리더십'의 전형이었다. 그는 드러나기보다는 조용히 방향을 제시하는 '보이지 않는 리더십의 소유자'였던 것이다.

　두 번째 인물은 코시모의 손자, '로렌초 데 메디치(Lorenzo de' Medici, 1449~1492)이다. 그는 미켈란젤로, 레오나르도다빈치 등 르네상스 시대를 대표하는 예술가들을 아낌없이 후원했다. 이 때문에 유럽 전역에서 예술가들이 피렌체로 모여들었고, 르네상스 예술의 찬란한 꽃이 활짝 피었다. 그리하여 피렌체 사람들은 로렌초 데 메디치에게 '일 마그니피코(위대한 자)'라고 칭송하기도 했다. 그는 직접 시를 짓고 노래를 만들면서 예술가들을 지원했다.

로렌초 데 메디치는 말했다.

"젊음이란 얼마나 아름다운가. 하지만 그건 덧없이 날아간다. 즐거운 사람은 마음껏 즐거워하라. 내일도 즐거우리라는 보장이 없으니."

그는 단순히 예술가를 발굴하고 자금을 제공하는 후원자의 역할을 하는 데 그치지 않았다. 그는 예술과 문화가 사회를 어떻게 풍요롭게 할 수 있는지를 잘 알았고, 예술과 문화를 바탕으로 가문과 도시의 비전을 함께 설계한 '비전형 리더'였다. 이러한 리더십은 오늘날의 50대 직장상사에게 필요하지 않을까 싶다. 창의적인 인재에게 자율성과 자원을 제공하고, 혁신이 꽃필 수 있는 환경을 조성하는 리더십이 필요하기 때문이다.

세 번째 인물은 로렌초의 동생인 '줄리아노 데 메디치(Giuliano de' Medici, 1453~1478)'이다. 그는 형과 함께 메디치 가문의 공동 통치자 역할을 맡았다. 온화하고 따뜻한 성격으로 시민과 귀족, 예술가 등 그 누구와도 잘 어울렸다. '사람의 마음을 얻는 것이 진짜 리더의 힘'임을 몸소 보여주었다. 마키아벨리조차 "그가 군주가 됐다면 정말 사랑받는 통치자가 됐을 것"이라며 극찬했다. 피렌체 사람들은 그를 '친절하고 매력적인 젊은 지도자'로 생각했는데, 정치적 계산보다는 사람을 향한 진심과 따뜻함으로 다가갔기 때문이다.

줄리아노의 리더십은 '공감과 감성 지능형 리더십'으로 정의할 수 있다. 그는 사람의 마음을 끄는 좋은 품성을 갖추었다. 자기 집안 사람들뿐만 아니라 많은 피렌체 사람들과 진심으로 소통하며, 그들의 감정을 읽고 적절히 반응할 줄 아는 능력을 갖추고 있었다. 이러한 능력은 50대 직장인에게도 꼭 필요한 자질이다. 특히 MZ세대와의 소통이 중요해진 오늘날, 인간 중심의 공감형 리더십이 점점 더 중요해지고 있다.

하지만 안타깝게도, 이토록 찬란했던 메디치 가문은 후계자를 잘못 선택하는 바람에 큰 위기를 맞게 된다. 그 인물은 로렌초의 아들 피에로(1472~1503)이다. 그는 아버지와 삼촌과는 정반대의 길을 걸었다. 그는 직접적이고 오만한 방식으로 권력을 행사했으며, 귀족층과 시민 사회의 큰 반감을 샀다.

특히 민심을 읽지 못하고 정세 판단에도 서툴렀던 그는 프랑스가 침공해 오자 어설픈 협상을 시도하다 피렌체의 중요한 요새들을 프랑스군에 넘겨주며 국가 주권을 심각하게 훼손했다. 이로 인해 시민들의 크나큰 분노를 샀고, 결국 메디치 가문은 피렌체에서 쫓겨나게 되었다. 이 사례는 '잘못된 리더십'이 어떤 파국을 불러올 수 있는지를 상징적으로 보여준다.

가업은 피를 타고 흐르지 않는다. 유능한 창업자가 유능한 후계자를 낳을 것이라는 보장은 어디에도 없다. 리더십은 타고나는 것이 아니라, 체계적인 설계와 교육을 통해 가능한 것이다.

오늘날 자녀에게 가업을 승계하려는 사람들은 이런 고민을 할 것이다.

'어떻게 물려줄 것인가?'

재산뿐 아니라 철학을 이어받게 하는 것, 자리를 물려주는 것이 아니라 가치를 공유하는 것, 그것이 바로 리더십의 본질이다. 메디치 가문의 흥망을 통해 올바른 리더십과 지혜를 발견하기 바란다.

5.

우리는 진화의 긴 여정 끝에 살아남은 뿌리 깊은 나무이며, 거센 바람 속에서 마지막 불빛을 지켜온 사람이다

프란츠 카프카의 단편소설 「변신」은 주인공 '그레고르 잠자'가 어느 날 아침, 이유도 모른 채 거대한 벌레로 깨어난다는 그로테스크한 문장으로 시작된다.

"어느 날 아침, 그레고르 잠자가 불안한 꿈에서 깨어났을 때, 그는 침대 속에서 한 마리의 흉측한 갑충으로 변해 있는 자신의 모습을 발견했다."

이 첫 문장은, 그레고르가 이미 사회와 단절된 존재로 전락했음을 암시한다. 그런데도 그는 출근을 하려고 몸부림친다. 그의 몸은 더 이상 인간이 아닌데도 불구하고 그의 머릿속에는 여전히 '출근'에 대한 걱정으로 가득하다. 가족의 생계를 책임져야 한다는 부담감이 그를 억누르고, 그 무거운 부담감이 벌레가 된 뒤에도 여전히 몸속에 남아 있기 때문이다.

이런 그레고르의 모습은 오늘날 50대 직장인들의 모습과 놀랄 만큼 닮았다. 어느 날 아침, 거울 앞에 선 그들은 자신에게 묻는다.

'나는 여전히 이 조직에 필요한 사람일까?'

시스템은 빠르게 변하고, 후배들은 더 똑똑해졌으며, 몸은 예전처럼 따라주지 않는다. 그럼에도 그들은 매일 어김없이 출근해 조용히 자리를 지킨다. 그것은 '책임감'이라는 말로는 다 담을 수 없는, 누군가의 삶을 대신 짊어진 소리 없는 헌신이다. 아무도 알아봐 주지 않지만, 그들은 보이지 않는 짐을 짊어지고 오늘도 출근길에 나선다.

리처드 도킨스는 『이기적 유전자』에서 "모든 생물의 행동은 유전자의 생존 전략"이라고 말했다. 생존과 번식, 협력과 양육, 이 모든 것은 유전자를 확장하고 보존하기 위한 정교한 선택이다.

직장생활도 다르지 않다. 처음엔 생계를 위해 직장생활을 선택했다. 하지만 그 선택은 점점 책임이 되었고, 결국 말없이 감당해야 할 무게로 남았다. 이 고요한 책임과 무게는 '유전자'의 계산 너머에 있다. 어쩌면 이조차도 생존을 위한 전략일 수 있지만, 그 무게는 단지 유전적 계산만으로는 설명되지 않는다. 그것은 오직 호모사피엔스만이 감당할 수 있는 무게이며, '사람다움'의 품격이다.

상사의 지시를 묵묵히 따르면서 후배의 고충을 결코 흘려듣지 않는 중간관리자, 언제나 자신보다 조직의 조화를 먼저 생각하는 선배들, 이들은 단순히 회사를 위해 존재하는 부속품이 아니다. 조직이라는 생태계 안에서 리듬을 조율하고, 기억을 잇고, 문화를 전수하는 '살아 있는 유전자'다.

그들은 30여 년을 묵묵히 견뎌왔다. 치열한 자연선택의 질서 속에서 살아남은, 고요한 생존자들이다. 변화 앞에 주저하지 않았고, 갈등을 외면하지 않았으며, 때로는 부당함조차 껴안고 견뎌냈다. 그러면서도 단 한 번도 '책임'과 '헌신'이라는 내면의 불씨를 꺼뜨리지 않았다. 그 불씨는 유전자의 명령을 넘어선 그들만의, 깊고 오래된 의무이자 자연스러운 선택이었다.

그들은 단순한 '이타심' 때문에 그렇게 살아온 것이 아니다. 리처드 도킨스가 말하는 '확장된 이타성'을 발휘한 것이다. 생물학적 유전자가 인간에게 와서 문화적·윤리적·지적 차원의 '밈(meme)'으로 진화

했다는 주장처럼, 그들의 책임감과 헌신 역시 유전자의 고등한 자기 복제 전략이며, 직장에서 자신을 이어가려는 진화된 생존 방식이었다. 그들은 알고 있다. 조직을 먼저 생각하고, 타인을 돕는 것이 결국 자신의 존재를 새기는 방식임을…….

　그런데 「변신」은 우리에게 냉혹한 질문을 던진다. '책임과 헌신은 과연 의미 있는 결말로 이어질 수 있는가?'라고. 그레고르는 가족과 회사를 위해 묵묵히 일했고, 온갖 희생을 감수했다. 그러나 그가 더 이상 가족과 회사에 아무런 도움이 되지 않는 순간, 그들은 그를 외면한다. 이제 누구도 그레고르를 돌보지 않는다. 그는 '존재하지 않는 존재'가 되고, 그가 떠난 뒤, 가족은 오히려 가벼워진다. 마치 무거운 짐을 내려놓은 사람들처럼, 그들은 홀가분한 마음으로 소풍을 떠난다. 그가 감당해 온 모든 책임과 희생을 그 순간 아무도 기억하지 않았고, 조용히, 흔적 없이 사라졌다.

　「변신」의 마지막 장면은 묘한 두려움을 남긴다. 어느 날, 이유도 모른 채 필요 없는 존재가 되어버린다면 나는 어떻게 해야 할까? 우리는 이러한 생각을 한 번쯤은 해봤을 것이다. 그레고르처럼 조용히 사라지고 마는 건 아닐까 하는…….

　그러나 분명한 사실이 있다. 지금의 가족도, 지금의 조직도, 누군가의 버팀 없이는 존재할 수 없었다. 바로 우리가 있었기에 가족도 조직도 무너지지 않을 수 있었다. 드러나지 않은 책임, 이름 없는 헌신 덕분에 가족도 조직도 살아남을 수 있었고, 점점 진화할 수 있었다.

　진화는 적응의 기록이다. 그리고 우리는 그 기록의 산증인이며, 하나의 조직을 조용히 지탱해 온 '침묵의 유전자'다. 「변신」의 그레고르가 남긴 비극은, 누구도 그의 책임과 희생을 알아주지 않았기 때문에 벌어진 것이다. 하지만 우리는 알고 있다. 우리가 걸어온 날들의 무게를, 말없이 감내한 시간의 결을, 그리고 소리 없는 헌신의 진화를.

　'진화'와 '자연선택'의 시간 속에서 한 개인의 삶은 찰나일 뿐이다. 하지만 그 찰나들이 이어져 하나의 계보를 만들고, 지금까지 가족과 조직이 살아남을 수 있었고, 미래를 꿈꿀 수도 있다. 그러니 우리는 결코 무의미한 존재가 아니다. '진화'의 긴 여정 끝에 살아남은 뿌리 깊은 나무이며, 거센 바람 속에서 마지막 불빛을 지켜온 사람들이다.

6.
사막에서 우물을 발견한 '어린 왕자'처럼 '어른 왕자'로 살기 위해

생텍쥐페리의 『어린 왕자』, 이 책을 덮은 지 오래되었지만, 마음속에서는 언제나 '어린 왕자'가 말을 걸어왔다. 어린 시절, 처음 만났던 어린 왕자는 서걱거리는 공기를 품고 내 안에 머물렀다. 청춘의 푸른 여름을 지나 가을의 문턱에 선 지금, 문득 그가 다시 나에게 말했다.

"사막이 아름다운 것은, 그 어딘가에 우물이 숨어 있기 때문이야."

예전에는 그저 낭만적인 문장이라고만 여겼다. 천상의 사람들이나 읊조리는 '시(詩)' 같다고 생각했다. 하지만 30년 가까이 직장생활을 해온 지금, 이 문장은 조금은 다른 울림으로 다가온다. '내가 찾고 있는 우물은 무엇일까?'라는 물음이 내 안에서 오래도록 메아리치기 때문이다.

나 역시 사막처럼 메마른 길을 걸어왔다. 그 길을 걸으며 때로는 앞이 보이지 않았고, 때로는 멈춰 서서 되묻기도 했다. 청년 시절에는 앞만 보고 달릴 힘이 있었지만, 중년이 되면서는 어디로 가야 할지 고민하는 시간이 늘어났다. 그래서 이제는 나만의 우물을 찾는 일이 더 소중하게 다가온다.

어떤 이에게는 성공한 지위가 우물일 수도 있고, 또 다른 이에게는 재정적 안정이 우물일 수도 있다. 그러나 나에게 우물이란 화려한 성취보다 '관계의 온기', '마음이 쉴 수 있는 쉼터' 그리고 여전히 품고 있는 '소박한 꿈'에 더 가깝다. 어린 왕자가 사막 속에서 우물을 발견했듯, 나 역시 사막에서 나만의 우물을 찾아가고 있다.

어린 왕자는 여행을 하며 여러 인물들을 만난다. 오직 명령만 내리는 왕, 자신만 바라보라며 허영에 빠진 사람, 술에 취해 현실을 잊으려는 사람, 별을 소유했다고 착각하며 계산에만 몰두하는 사업가…. 젊은 시절, 나는 그들을 그저 어리석고 우스운 사람이라고 여겼다.

그런데 세월이 흘러 돌아보니, 그 모습들이 그리 낯설지 않았다. 나에게서도 그런 모습들을 엿볼 수 있기 때문이었다. 인정받기 위해 애쓰던 순간, 불안을 감추기 위해 나를 포장했던 모습, 허영과 집착에 매달리던 마음…. 그 끝에 남은 것은 잠시의 성취감이 아니라 깊은 피로감이었다.

톨스토이의 『이반 일리치의 죽음』이 떠오른다. 이 소설의 주인공 이반 일리치는 부패한 러시아 관료사회에서 계급이동의 사다리를 올라가는 데 여념이 없는 야심 찬 관리이다. 어떤 관직에 임명되든 그는 관료사회가 요구하는 조건에 자신을 완벽하게 맞추고, 그 대가로 화려한 상류사회의 일원이 되어 사치를 부리며 위안을 받는다. 그러나 이반은 심각한 부상을 입은 뒤 점점 무기력해지고, 결국은 응접실의 소파에서 일어날 수조차 없는 신세가 되고 만다.

그는 죽음을 앞두고서야 비로소 자신의 삶이 허영과 관습 위에 세워졌음을 깨닫는다. "나는 도대체 무엇을 위해 살아왔는가?"라는 그의 절규는, 어린 왕자가 사막에서 했던 말과 참 많이 닮은 것 같다. 남들에게 보여지기 위해 사는 것이 아니라, 내 목마름을 채워줄 나만의 우물을 찾는 일이 소중하지 않을까?

어린 왕자가 여우를 만났던 장면은 언제 읽어도 가슴에 남는다.

"네가 나를 길들인다면, 너는 나에게 세상에서 유일한 존재가 되는 거야."

우리는 관계를 '수량화'하는 데 익숙하다. 내가 받은 명함의 개수, 내가 참여하는 모임의 수를 헤아린다. 하지만 시간이 흐를수록 깨닫게 된다. 수백 장의 명함보다 나에게 특별한 단 한 사람의 존재가 훨씬 소중하다는 사실을.

　여우가 말하는 '길들인 관계'란 단순한 만남이 아니라, 책임이라는 감정을 동반하는 '진짜 인연'을 말한다. 단순히 친근해지는 것을 넘어, 서로에게 특별한 존재가 되는 관계가 되면, 그 안에서는 자연스럽게 책임과 헌신이 따른다.

　우리는 혼자 있거나 함께 어울리지 못하는 사람을 종종 부정적인 시선으로 판단하고 재단한다. 나 역시 그동안 수많은 인연을 만들어 왔다. 거미줄 같은 네트워크를 촘촘히 쌓아왔지만, 솔직히 혼자일 때보다 못한 경우가 더 많았다. 오늘 사무실 서랍 속에 덩그러니 놓여 있는 명함들을 살펴보며 깨달았다. 명함의 주인들 중 내 삶을 진짜로 따뜻하게 만들어준 사람이 그리 많지 않다는 것을. 그리고 '길들어지는' 동시에 '길들인' 관계가 바로 '진짜 인연'이라는 사실을. "너는 네가 길들인 것에 대해 영원히 책임을 져야 해"라는 『어린 왕자』의 문장은 내게 주어진 의무를 가벼이 여기지 않게 하고, 내가 존재하는 이유를 깨닫게 한다.

어린 왕자에게 '진짜 인연'은 장미였다. 나는 어린 왕자의 마음을 충분히 공감한다. 어린 왕자가 장미를 지키려 했던 그 마음을 십분 이해할 수 있다. 우리는 각자의 '장미'를 소망한다. 그 장미는 내가 지켜야 할, 나만의 소중한 대상이다. 그것은 가족, 꿈, 사명일 수도 있다. 중요한 것은 그것을 끝까지 지켜내려는 마음일 것이다.

삶은 여전히 사막 같고 막막할 수 있다. "하지만 그 사막이 아름다운 이유는 어딘가에 우물이 숨어 있기 때문"이라는 말을 이제 조금 알 것 같다. 그 '우물' 그리고 '진짜 인연'은 멀리 있지 않다. 이제 더 이상 허영과 집착에 매달리지 않을 것이다. 내 우물을 발견하고, 나의 장미를 지켜내는 것이야말로 진짜 내 삶의 좌표가 될 것이다.

어린 왕자의 목소리가 들려온다.

"정말 중요한 것은 눈에 보이지 않아."

7.
'고리오 영감'과 '리어왕'이
우리에게 전하는 지혜

"딸들이 의례적으로 아버지라고 말할 때면 마음이 얼어붙는 것 같지만, 아빠라고 부르면 아직도 어린 모습을 보는 듯해서 나의 모든 추억이 되살아난답니다."

영국의 소설가 발자크의 『고리오 영감』의 한 대목이다. 나는 두 딸의 아빠다. 아직 딸들에게 '아버지'보다 '아빠'라는 다정함이 묻어난 단어를 듣는다. 나는 딸들에게 다정다감한 아빠일까? 딸들이 성인이 되고 결혼을 해도 여전히 '아빠'로 남고 싶다.

『고리오 영감』은 세상의 모든 아버지, 아니 아빠들과 딸들이 읽어야 할 책이다. '고리오 영감'은 프랑스판 '딸바보'였다. 그에게는 '나지'와 '델핀'이라는 두 딸이 있었고, 그는 자수성가한 아빠였다. 결혼 후

7년이 지나서 사랑하는 아내가 병으로 세상을 떠나지만 그는 지극정
성으로 두 딸을 키웠다. 아지는 아버지의 도움으로 백작부인이 되고,
델핀은 은행가와 결혼해 더 큰 부자가 되었다. 하지만 딸들은 끝없이
사치를 부리느라 돈은 항상 모자랐고, 그때마다 아빠에게 달려갔다.
고리오 영감은 마지막 남은 재산인 연금마저 털어서 두 딸에게 보냈
지만 삶의 마지막 순간에 딸들은 그의 옆에 없었다.

"그는 20년 동안 오장육부와 자신의 사랑을 다 주었고, 하루아침에
자신의 재산을 주어버렸어요. 그의 딸들은 레몬을 잘 쥐어짠 다음 그
껍질을 길모퉁이에 버린 셈이죠."

나는 '고리오'처럼 자식들에게 줄 재산이 많지 않다. 아니, 없다. 딸
들이 들으면 서운할지 모르겠지만 "대학을 졸업하면 먹고사는 문제
는 스스로 해결하라"고 말할 참이다. 최소한의 지원은 불가피하겠지
만 그렇다고 우리 부부의 노후를 저버리면서까지 뒷바라지할 생각은
추호(秋毫)도 없다. 방송에서 누가 말했는지 기억나지 않지만 "소도
목장에 풀이 있어야 몰려들고, 파리도 음식찌꺼기라도 있어야 주변
을 맴돈다"고 했다. 우스갯소리지만 슬픈 현실을 꼬집는 것 같다.

며칠 전, 두 딸이 우리 부부에게 "아빠, 엄마, 이 집은 절대 팔지 마

세요"라고 말했다. 그래서 "왜?" 하고 물었다. 그러자 "이 집이 그냥 좋아요"라고 말했다. 아이들이 집에 관심을 가지고 있다는 것에 우리 부부는 조금 놀랐다. 나는 속으로 말했다.

'얘들아! 집은 넘보지 마라!'

"아비가 누더기를 걸치면 자식은 모르는 척하지만, 아비가 돈주머니를 차고 있으면 자식들은 모두 다 효자지."

셰익스피어의『리어왕』에서 광대가 한 말이다. 셰익스피어는 상속과 관련한 참담한 사례를 중심으로 '리어왕'의 이야기를 씨줄과 날줄로 엮어냈다. 리어왕은 80세가 넘자 자신의 왕국을 세 딸에게 물려주고 은퇴하기로 결심한다. 하지만 딸들이 자신을 얼마나 사랑하는지 확인하고 싶었다. 자신을 가장 사랑하는 딸에게 가장 좋은 왕국의 땅을 물려주기로 한 것이다.

첫째와 둘째 딸, '거너릴'과 '리건'은 온갖 아첨으로 아버지의 비위를 맞추기 위해 최선을 다했지만 셋째 '코델리아'는 자녀의 의무에 따라 아버지를 사랑할 뿐 그 이상도 이하도 아니라고 솔직하게 말한다. 감언이설에 넘어간 리어왕은 첫째와 둘째에게 땅을 모두 나누어

주었지만 결국, 두 딸들에게 냉대를 받고 걸인 행세를 하며 왕국을 떠돌아다닌다. 일세(一世)를 호령하던 왕은 미쳐버렸고, 그의 자식들은 모두 젊은 나이에 불행한 최후를 맞는다. 이런 비극의 근원은 무엇일까?

　어느 날, 재산문제로 70대 부부가 사무실로 찾아왔다. 오래된 방앗간이 재개발로 인해 가치가 오르자 자녀들과 의견 차이로 언쟁을 벌였다고 했다. 첫째는 빨리 팔고 목 좋은 곳에서 다른 일을 하고 싶어 했고, 둘째는 자신의 몫을 미리 받아 요즈음 유행하는 '스타트업'을 창업하겠다고 우기느라 다툼을 벌인 것이다.

　요즈음 '노노(老老)상속' 문제가 화두로 떠올랐다. 이 말은 자식이 노인이 되어서야 재산을 상속하는 것으로, 자식에게 재산을 물려주더라도 자신을 부양하지 않을 것을 염려한 일본 노인들이 재산을 살아생전에 자식에게 증여하지 않는 데서 유래한 신조어다. 그래도 '이왕 줄 거면 빨리 주는 게 낫지' 싶어서, 또 절세(節稅)의 장점 때문에라도 조금이라도 빨리 증여하려는 부모들이 많다. 그런데 말이다. 세금을 좀 아끼는 건 좋다 치더라도 형제간에 유산을 놓고 벌이는 분쟁을 막지는 못하는 법이다. 리어왕은 불완전한 자녀애와 감정에 휘둘린 나머지 이성을 잃었고, 오히려 아비와 자식 그리고 형제간에 분쟁의 불씨를 키우고 말았다.

만약 고리오 영감과 리어왕이 서로 처지가 바뀌었다면 어땠을까? 리어왕의 '불완전한 자녀애'와 고리오 영감의 '일방적 자녀애'는 비극으로 끝나지 않을 수도 있을까? 고리오 영감은 자식의 사랑을 확인하려 하지 않았으니, 리어왕이 고리오 영감처럼 했다면 딸들에게 서운함과 분노를 느끼지 않았을 것이다. 리어왕은 조건부 사랑이었으니 고리오 영감이 리어왕처럼 했다면 세상을 떠나는 마지막 순간에 그가 남긴 재산 때문에라도 딸들은 마지막까지 그의 곁을 지켰을 것이다.

나무들에게 각자 속도로 살아가는
용기를 배웠다

아프리카의 건조한 평원에는 '바오밥'이라는 나무가 있다. 다큐멘터리에서 한 번쯤은 본 적 있을 것이다. 척박한 땅 한가운데에 우뚝 선 거대한 바오밥은 술통처럼 굵은 줄기에 물을 저장해서 사막에서도 잘 산다. 이 나무는 길게 수평으로 펼쳐진 줄기가 마치 나무의 뿌리처럼 보여서, 거꾸로 물구나무를 서 있는 듯하다. 평균수명은 3,000년에서 5,000년, 길게는 6,000년을 산다. 우리나라에서는 천년 넘게 사는 나무가 드문데, 이처럼 오래 산다니 놀랍기만 하다. 건조한 평원에서 홀로 살아남기 위해 깊은 뿌리로 지하수를 끌어올리는 생존의 지혜 덕분일 것이다.

한때는 숲에 나무가 빽빽이 들어설수록 풍요롭고 아름답다고 생각했다. 나무가 많으면 바람이 머물고, 새소리가 울려 퍼지며, 생명들이 숨 쉬는 숲이 되니까. 사람 사이의 관계도 그와 다르지 않다고 생각했다. 더 많은 사람을 만나 내 주변을 울창한 숲으로 만들고, 관계가 촘촘할수록 내 삶도 그만큼 풍요로워질 거라 여겼다.

하지만 시간이 지나고 보니, 숲이 울창할수록 그늘이 많음을 알게 되었다. 관계가 늘어날수록 햇살이 닿지 않는 곳이 생기게 마련이다. 그 숲이 지나치게 울창해지다 보니 나는 여기 왜 있고, 어디로 가고 있는지, 혼란스러운 경우도 생겼다. 그때 나는 깨달았다. 너무 가까이 선 나무들은 서로의 성장을 방해한다는 것을…….

나는 숲에서 자라는 나무를 보면서, 비로소 '한 그루의 나무로 서는 용기'를 배우게 되었다.

인간관계는 서로 꼭 붙어 있다고 해서 깊어지는 게 아니다. 부모 자식 사이도 마찬가지다. 너무 가까워서 서로의 삶을 지배하거나, 지나치게 개입하면 오히려 성장과 신뢰를 방해한다. 서로 적당한 거리를 두어야, 각자의 세계에서 햇살과 물을 받고, 바람을 맞으며 자랄 수 있다. 그래야 그 사이로 햇빛과 물도 받고 바람도 지나가야 숨 막히지 않는 공간이 생기면서, 진정한 이해와 존중이 가능해진다.

"가까이 다가서되, 서로의 그림자를 밟지 말라"는 문장을 외우고 있다.

직장생활 30년 동안 나는 많은 사람을 만났는데, 인간관계가 넓어졌으니 꽤 괜찮은 삶을 살았다고 생각했다. 캘린더에 약속이 빽빽할수록 인정받는 사람이라 여겼다. 솔직히 그렇게 보이기 위해 애쓰기도 했다.

하지만 시간이 지나면서 알게 되었다. 만나는 사람이 많다고 해서 모든 사람과 좋은 관계를 맺는 것은 아니다. 만나는 사람이 많지 않더라도 서로 신뢰하고 서로를 성장시키는 좋은 관계를 맺을 수도 있다.

요즘 나는 '간격'과 '여백'을 배우고 있다. 사람 사이에는 간격과 여백이 필요하다. 서로 너무 가까워지는 것도 너무 멀어지는 것도 바람직하지 않다. 서로에게 해를 끼치지 않을 만큼의 적당한 거리를 유지하는 것이 바람직하다. 부모와 자식 사이도 마찬가지다. 서로 간에 간격과 여백을 남겨두어야 비로소 숨을 쉴 수 있다.

그런데 사람 사이의 거리는 기온에 따라 달리해야 하는 것도 같다. 너무 덥지도 너무 차갑지도 않을 때 마음이 머무는 것 같다. 좋은 관계는 그 알맞은 기온을 찾아가는 게 아닐까 싶다.

　나무들은 서로 경쟁하지 않는다. 그저 각자의 자리에서 햇빛과 물을 받으며 각자의 속도로 자랄 뿐이다. 어떤 나무는 먼저 잎을 피우고, 어떤 나무는 늦게 꽃을 피운다. 다른 나무들보다 성장하는 속도가 느리더라도, 나무는 자신의 성장을 위해 다른 나무의 성장을 방해하지 않는다. 가지를 다른 나무 쪽으로 좀 더 뻗치고 더 많은 햇빛과 물을 받는 것이 자신의 성장에 유리하겠지만 나무는 그렇게 하지 않는다. 각자에게 주어진 자리에서 각자의 속도로 성장한다.

　사람 사이도 다르지 않다. 자기만 성장하려고 하는 사람, 다른 사람에게 상처를 주는 사람은 관계가 좋을 수 없다. 자신이 더 크고 높게 성장할수록 자신이 만들어낸 그늘이 없는지, 그 그늘 때문에 힘들어하는 사람은 없는지 헤아려야 한다.

　나는 이제 더 이상 울창한 숲을 원하지 않는다. 대신 바람이 잘 드나드는 숲을 그리고 있다. 햇살이 나뭇잎 사이로 흘러 들어가고, 새소리가 막힘없이 번져가는 숲……. 그 숲에서 나무들은 서로를 침범하지 않으면서 각자의 뿌리를 단단히 내리고 각자의 속도로 성장할 것이다. 그리고 거센 태풍이 몰아칠 때는 비바람으로부터 서로서로

막아줄 것이다.

우리의 관계도 그렇다. 각자의 자리와 영역을 인정할 줄 아는 관계, 각자에게 필요한 햇빛과 물, 바람을 빼앗지 않도록 간격과 여백을 두는 관계, 그 간격과 여백으로 마음과 마음이 오가는 통로를 만들어내는 관계, 그런 관계가 되어야 각자의 속도로 성장할 수도 있고, 비바람이 몰아칠 때는 서로 막아줄 수도 있을 것이다. 그런 관계가 되어야 오래도록 좋은 관계를 유지할 수 있을 것이다.

숲에서 다른 나무들과 함께 자라는 나무들과 달리, '바오밥'은 외따로 홀로 서 있다. 이 나무는 깊은 뿌리로 지하수를 끌어올려 생명을 이어간다. 비가 오지 않아도 스스로 버티는 바오밥은, 혼자 힘으로 살아가는 나무다.

우리가 살아가는 세상은 점점 삭막해지고, 혼자서만 악착같이 사는 사람도 많다. 모든 것이 인터넷으로 연결되는 디지털 세상에서는 사회적 관계망도 넓어지고, 관계를 맺더라도 예전처럼 인간미 넘치는 관계를 맺기가 요원해졌다. 연결의 밀도가 높아질수록 오히려 공허함이 큰 것도 사실이다.

이러한 세상에서, 바오밥처럼 외따로 살 것인가? 아니면 숲이라는 공간에서 다른 나무와 적당한 간격과 여백을 유지하며 살 것인가? 바오밥나무든 숲에서 자라는 나무든, 세상 모든 나무는 자기 자리에서 스스로 성장한다. 성장하는 속도만 저마다 다를 뿐이다. 성장 속도가 빠른 게 대수겠는가? 중요한 것은 '나는 날마다 성장하겠다'는 용기, 그 용기를 저버리지 않는 것이 아닐까?

9.
거친 바다를 헤쳐 나가려면
나만의 '와일드카드'가 필요해

내 나이는 만 55세, 굳이 '만'이라고 붙인 것은 시간이 덧없이 흘러 가는 것에 대한 소심한 저항의 표시다. 오랜 기간 선창(船艙)에 정박 해 있던 내 배는 이제 먼바다를 향해 출항할 준비를 해야 한다. 먼바 다는 선착장보다 위험할 것이다. 살면서 한 번이라도 위험을 무릅쓴 적이 있을까? 한동안 위험을 피하려고 너무 오래 한곳에 머문 것은 아닐까? 나는 내 삶에서 굳이 위험을 감내해야 할 만한 이유를 찾지 못했다. 아니, 일부러 외면했을 것이다. 문득 미국 교육학자 존 A. 셰 드의 말이 떠오른다.

"항구에 머물 때 배는 안전하다. 그러나 그것이 배의 존재 이유는 아니다."

싯다르타(부처의 어릴 적 이름으로 '목적을 달성한 자'라는 뜻)는

"삶은 고통이고 번뇌이며 윤회하는 연속"이라고 했다. 소설가 박완서는 "고통은 극복하는 것이 아니라 견뎌내는 것"이라 했는데, 삶은 그냥 사는 것이 아니라 살아내는 것이라면 위험은 견디는 것이 아니라 극복해야 하는 그 무엇이지 않을까?

영화 〈내가 죽기 전에 가장 듣고 싶은 말〉은 은퇴한 광고회사 대표 '해리엇'에 관한 이야기다. 그녀는 까칠하고 완벽주의 성격 탓에 남편과 딸 그리고 지인들이 모두 곁을 떠나고 홀로 외로운 노년을 보낸다. 어느 날, 신문을 통해 다른 사람의 사망기사를 보고, 자신이 죽고 나면 그녀의 사망기사는 어떨지 궁금했다. 그리고 자신의 사망기사를 원하는 방향으로 미리 작성하고 싶어 사망기사 전문기자 '앤'을 찾아가지만, 앤은 그녀에 대한 평판이 좋지 않다는 사실을 알게 된다. 결국 앤은 해리엇에게 '완벽한 엔딩' 기사를 위한 몇 가지 제안을 한다.

첫째, 친구와 동료들의 칭찬을 받아야 한다. 둘째, 가족에게 사랑받아야 한다. 셋째, 누군가에게 우연히 영향을 끼쳐야 한다. 마지막으로, 다른 사람과 구분되는 자신만의 와일드카드가 있어야 한다는 것이었다.

　해리엇은 직장의 잘못된 관행에 저항했지만 쫓겨나듯 물러났다. 그녀는 자신이 옳다고만 생각했다. 직장에서의 대부분 일은 외력과 내력의 싸움이다. 내력이 더 세면 잘 버틸 수 있다. 내력은 내 생각과 다르게 돌아가는 일이 회사에서 많이 벌어진다는 것을 스스로 깨닫는 힘이다. 그러면 겸손해질 수 있다. 세상에는 내 마음대로 될 수 없는 것이 더 많다는 것을 깨달으면 세상을 향해 버티는 내력이 생긴다. 그것이 '연륜'이다.

　나는 가족에게 사랑을 받고 있는가? "그거 당연한 것 아니오?"라고 얘기할지도 모르겠다. 우리는 가족에 대해 잘 안다고 생각한다. 아이러니하지만 서로에 대해 아는 것이 별로 없으니까 가족인지도 모른다. 해리엇은 남편과 딸에게 찾아가 단절된 관계를 회복하기 위해 고백한다. 시험은 벼락치기로 준비할 수 있을지 모르지만, 가족관계는 벼락치기로 회복할 수 있는 문제가 아니다. '가족·부모'라고 하면 가장 먼저 떠오르는 단어는 '후회(後悔)'다. '후회'의 '회(悔)'는 마음 '심(心)'과 어미 '모(母)'라는 글자가 합해져 만들어진 글자다. '후회'는 뒤늦게(後) 어미(母)를 생각하는 마음(心)을 뉘우친다는 뜻이다. 해리엇

역시 뒤늦게 후회하고 말았다.

나는 누군가에게 영향을 끼치는 삶을 살고 있는가? 해리엇은 '자신의 삶'을 살기 위해서는 위험을 극복해야 한다고 말한다. 그러자 "왜?"라고 질문하는 어린 여자아이(브렌다)에게 "나의 잠재력을 감추고 살 수 없었다"라고 말한다. 거친 바다를 헤쳐 나가기 위한 나의 잠재력은 무엇이고, 만약 그것이 있다면 무엇일지 궁금했다. 혹시 나는 스스로 세상의 경쟁이 벌어지는 줄자 위에서 자기 회의에 빠져 잠재력을 발휘하기는커녕 주저하고 망설여 도망치고 후퇴하거나, 제자리에 머물러 있었던 건 아닐까? 바다가 아니라 선착장이 더 안전하다는 착각 때문에 말이다.

다른 사람과 구별되는 나만의 '와일드카드'는 무엇일까? '와일드카드'의 사전적 의미는 "스포츠에서 정상적인 방법으로 출전자격을 얻지 못했지만 특별한 방법으로 출전이 허용되는 선수나 팀"이다. 신문기자 앤은 신문사 그리고 삶의 현장에서 '자신의 삶'을 살지 못했다. 이 영화의 엔딩 장면은 백미(白眉)다. '해리엇'의 장례식을 마치고 앤은 '자신의 삶'을 살기 위해 스페인 안달루시아로 떠난다. 그리고 신문사에 편지 한 통을 남긴다.

"이건 제 사직서가 아니라, 제 사망기사입니다. 지난 7년간 이곳에서 일했던 젊은 여성은 죽었습니다. 그녀는 주저와 망설임 그리고 두려움을 뒤로하고 떠납니다. 그녀를 슬퍼하거나 애도하지는 않습니다. 왜냐하면 진짜로 살았던 적이 없기 때문입니다."

"진짜로 살았던 적이 없기 때문입니다"라는 이 대사가 내 마음에 오래 남았다. 반백 년을 돌아봤다. 이제 나는 나만의 와일드카드, 특별한 방법으로 선착장에 묶여 있던 배를 풀고 먼바다로 나가야 한다. 거친 바다를 헤쳐 나가는 순간 진짜 항해가 시작될 것이다.

10.
인생을 위한 다섯 가지 계획(人生五計)

키케로는 『노년의 관하여』에서 "사람의 인생은 유년기의 연약함, 청년기의 격렬함, 중년기의 장중함을 거쳐 오랜 항해 뒤 마침내 항구에 들어서는 배처럼, 노년에는 인생의 원숙함이 자연스럽게 풍겨난다"고 했다. 하지만 사람들은 나이 들면서 중년기의 장중함보다는 바람에 흔들리는 낙화처럼 심정이 요동치기도 한다. 특히 중년 남성의 경우 그간 돈을 버는 경제적 주체로 살다가 갑자기 존재감이 사라지게 되면 돈, 건강, 관계 등에서 고스란히 스트레스를 받게 된다.

송나라 학자 주신중(朱新仲)은 삶을 균형 있게 살아가는 하나의 지침으로 '인생오계(人生五計)', 인생을 위한 다섯 가지 계획을 제시했다.

첫 번째 계획은 '생계(生計)'이다. 올바르게 살아가기 위한 계획으로, 어떤 일을 하며 어떻게 먹고 살아야 하는지에 대한 경제적 독립을 의미한다. 이것은 단순히 돈을 버는 것을 의미하는 것이 아니라, 지속적인 배움을 통해 생업을 발전시키는 것을 의미한다. 우리는 언제까지 일할 수 있을까? 솔직히 나도 언제까지 일을 할 수 있을지 궁금하다. 돌이켜보면 내가 이렇게 오랫 동안 회사를 다닐 거라고는 상상하지 못했지만 그래도 회사라는 큰 방파제가 우리 가족에게 수시로 밀려오는 높은 파도를 많이 막아주었다.

말 그대로 회사는 나에게 '생계'였다. 지금은 생업을 발전시켜 오랫동안 일할 수 있는 방법을 찾고 있는 중이다. 지금 하고 있는 일은 가장 오래 해온 일이고, 앞으로도 잘할 수 있는 일이니까.

두 번째 계획은 '신계(身計)'이다. 건강을 유지하고 병을 예방하는 계획인데. 솔직히 쉬운 것은 아니다. 50대 중반이 되면서 몸에 조금이라도 이상징후가 있거나 병으로 쓰러지는 선배, 동료, 친구들을 보면 덜컥 겁부터 난다.

우리나라 평균수명(약 83.6세)과 건강수명(약 73세) 사이에는 약 10년 정도의 차이가 있다. 이는 생애의 마지막 10여 년 동안은 병치

레를 하면서 살아간다는 것을 의미한다.

"돈을 잃으면 조금 잃은 것이요, 명예를 잃으면 많이 잃은 것이요, 건강을 잃으면 모든 것을 잃는 것이다"라는 말이 있다. 100세 시대에는 건강이 더욱더 중요해졌고, 지금 우리에게 중요한 것은 얼마나 더 돈을 버는 것이 아니라 어떻게 하면 건강한 삶을 유지하느냐 하는 것이다. 주기적으로 꼭 건강검진을 받도록 하자. 큰 병이 도적처럼 갑자기 찾아오는 것을 막아주는 최소한의 안전장치를 마련하자. 솔직히 뭐 그리 어려운 일은 아니지 않는가.

세 번째 계획은 '가계(家計)'이다. 가족과의 관계, 소통과 관련된 계획이다. 드라마 '폭싹 속았수다'에서 '상길'은 과거 우리 주변에서 흔히 볼 수 있는 아버지의 모습을 담아낸 인물이다. 젊은 시절 거침없는 언행으로 악명을 떨쳤지만, 나이가 들면서 감정에 솔직해지고 소소한 기쁨을 즐기는 그의 모습은 우리네 아버지 세대에서 흔히 볼 수 있다. "나였네, 내가 똥이었네"라는 그의 말은 내 감정선을 제대로 건들기도 했다.

그와 비교되는 '관식'은 어떤가? 관식이는 자식들에게 사랑을 표현하는 방식이 직설적이고 따뜻하기보다는 서툴고 간접적이었다. 그는 자신의 감정을 쉽게 드러내는 인물은 아니지만, 행동과 희생을 통해 자식들에 대한 애정을 보여주려 했다. 이러한 모습으로 많은 시청자들에게 인기 있었다.

혹시 여러분 중에서 아버지로 살아가는 분이 있다면, 관식이와 상길이라는 인물 중 어느 쪽에 더 가까운가?

'노후준비를 잘해 놓은 사람들의 7가지 충고'라는 글을 읽은 적이 있다. 참 재미있는 글이었다. 7가지 중 하나는 '치아관리'와 '자녀와의 관계'였다. 이 두 가지의 공통점은 미리미리 준비하지 않으면 안 되고 벼락치기로 준비할 수 없는 것이다. 무릎을 탁 치게 하는 내용이었다.

네 번째 계획은 '노계(老計)'이다. 노계는 노년의 계획이다. 어떻게 하면 가족과 자식들에게 민폐를 끼치지 않고 노후생활을 당당하게 할 수 있을까? 혹자는 '행복한 노후'를 얘기하면서 구체적인 금액과 숫자도 제시하는데, '당당한 노후'는 단순히 경제적으로 여유가 있다고 가능한 것은 아니다. 아프리카 속담에 "음악이 바뀌면 춤도 바뀌어야 한다"는 말이 있다. 변화와 적응의 중요성을 강조하는 말이다. 단순히 경제적인 조건만 갖추었다고 '행복한'이라는 형용사로 노후를 포장하는 것은 무리다.

노후에 자신의 가치를 증명할 수 있는 것은 '돈' 말고도 많이 있다. 남들보다 더 깨끗이(clean up), 멋지게 입고(dress up) 다니면 어디서든 빛날 수 있다. 이것도 '당당한 노후' 중 하나이고 경쟁력을 갖추는 것이다.

마지막 계획은 '사계(死計)'이다. 아름다운 죽음을 준비하는 계획이다. 나는 솔직히 죽음이 두렵다. 그래서일까? '아름다운 죽음'이라는 말이 처음에는 쉽게 와닿지 않았다. '어떻게 죽음이 아름다울 수 있을까?' 하는 의구심도 들었다. 예수의 죽음은 모든 인간을 구원했으니, 그의 죽음은 '아름답다'라는 말로도 충분히 표현할 수 없을 것이다. 그의 죽음은 생명 그 자체였으니까. 오히려 죽음이 생명을 낳는다면 아름다운 죽음일 수도 있겠다. 훗날 나는 세상을 떠나는 마지막 순간에 진짜 '생명'을 낳을 수 있을까?

사계(死計)를 위해서는 다섯 가지 행동인 오행(五行)이 필요하다. 오행(五行)은 멸재(滅財, 재물 정리), 멸원(滅怨, 원한 풀기), 멸채(滅債, 부채 청산), 멸정(滅精, 미련 남기지 않기), 멸망(滅亡, 모든 것 잊기)이다. 우리 모두 인생의 계획을 잘 세우고, 그 계획을 이루기 위해 행동하는 삶을 살도록 하자.

에필로그

슬픔은 삶의 거름이 되고,
문장은 다시 위로가 되어

책을 마무리하며 지나온 글들을 갈무리하는 동안, 제 머릿속을 가장 많이 스쳐 지나간 얼굴은 역시 아버지와 저의 소중한 가족들입니다. 돌이켜보면 제 글의 시작점은 늘 '결핍'이었습니다. 아버지를 황망히 떠나보내고 마주했던 그 막막한 상실감이 없었더라면, 저는 아마 지금처럼 타인의 슬픔을 깊게 들여다보는 '마음 장사꾼'이 되지 못했을 것입니다.

그때의 저는 슬픔이 그저 나를 갉아먹는 독인 줄로만 알았습니다. 하지만 저를 아프게 했던 그 기억들을 독서와 글쓰기로 달래며 깨달았습니다. 슬픔은 박멸해야 할 대상이 아니라, 내 삶의 지층을 두텁게 만드는 양분이었다는 것을요. 비로소 아픔을 직시할 용기를 냈을 때, 저는 어른이 된다는 것의 진짜 의미를 배울 수 있었습니다.

무엇보다 지난 30년의 세월 동안 제가 밖에서 마음껏 '시지프의 바위'를 밀어 올릴 수 있도록 묵묵히 집을 지켜준 아내에게 고개 숙여 감사를 전합니다. 사회생활의 고단함을 핑계로 그리고 가장 가까운 사람에게 날 선 말을 내뱉던 못난 모습 그리고 저의 예민했던 갱년기와 이유 없는 짜증을 다 품어주었습니다.

또한 제 삶의 가장 빛나는 보석인 사랑하는 딸들에게 이 진심을 전하고 싶습니다.

'아빠의 청춘이 때로는 고단하고 거칠었지만, 그것은 결코 헛된 몸짓이 아니었단다. 나의 땀과 인내가 너희에게, 세상이라는 거친 파도 속에서도 단단한 자존감을 가지고 나아갈 수 있게 만드는 작은 거름이 되었음을 이제야 고백한다. 너희라는 아름다운 꽃을 피울 수 있었기에, 아빠의 인생은 이미 만개한 봄과 다름없단다. 아빠는 너희가 어떠한 시련 앞에서도 너희만의 고유한 향기를 잃지 않는 당당한 사람으로 성장하기를, 매 순간 기도하고 응원한다.'

흔히들 인생의 후반전을 저무는 노을에 비유하곤 합니다. 하지만 저는 믿습니다. 인생의 후반전은 쇠락의 시간이 아니라, 떫은 감이 긴 시간을 견뎌 단감이 되어가듯 깊은 맛과 향을 더해가는 성숙의 시간이라는 것을요. 저의 이 작은 기록들이 여러분의 마음속에 숨어 있는 '두 번째 청춘'을 일깨우는 기분 좋은 마중물이 되기를 간절히 소망합니다.

저는 이 책을 통해 대단한 가르침을 주려 하지 않았습니다. 그저 인생의 길목에서 넘어져 본 한 사람이, 이제 막 넘어지려는 혹은 이미 넘어져 울고 있는 당신에게 다가가 "나도 당신처럼 흔들렸고, 그래서 지금 당신의 마음이 얼마나 아린지 안다"는 나지막한 공감을 건네고 싶었을 뿐입니다.

슬픔은 결국 우리 삶을 기름지게 하는 거름이 되고, 우리가 고통 속에서 써 내려가는 진솔한 문장들은 서로를 보듬는 가장 따뜻한 위로가 될 것입니다. 저의 진심이 담긴 이 '마음 장사'가 여러분의 영혼에 작은 평온의 한 조각을 가져다줄 수 있다면, 저는 작가로서 더할 나위 없는 행복을 느낄 것입니다.

그동안 저와 함께 이 길을 걸어와 준 모든 인연과, 제 삶의 뿌리가 되어준 가족들에게 다시 한번 깊은 존경과 감사를 바칩니다.

지은이 김 태 우

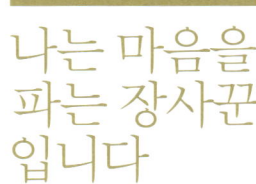

나는 마음을
파는 장사꾼
입니다

초판   1쇄 발행   2026년 1월 15일
        2쇄 발행   2026년 2월 3일

저자 김태우
발행인 변성진
편집 · 디자인 홍성주
펴낸곳 도서출판 위
주소 경기도 파주시 광인사길 115
전화 031-955-5117~8

ISBN 979-11-86861-49-3 03320

• 책값은 뒤표지에 있습니다.
• 파본은 구입하신 서점에서 교환해 드립니다.